物流名家讲堂

（2015—2018）

姜 旭 主编

中国财富出版社

图书在版编目（CIP）数据

物流名家讲堂. 2015—2018 / 姜旭主编. —北京：中国财富出版社，2019. 9

ISBN 978 - 7 - 5047 - 7034 - 9

Ⅰ. ①物…　Ⅱ. ①姜…　Ⅲ. ①物流—文集 ②供应链管理—文集
Ⅳ. ①F252 - 53

中国版本图书馆 CIP 数据核字（2019）第 191690 号

策划编辑　颜学静　　责任编辑　邢有涛　郭小草
责任印制　尚立业　　责任校对　孙会香　许　诺　　责任发行　敬　东

出版发行　中国财富出版社
社　　址　北京市丰台区南四环西路 188 号 5 区 20 楼　　邮政编码　100070
电　　话　010 - 52227588 转 2098（发行部）　010 - 52227588 转 321（总编室）
　　　　　010 - 52227588 转 100（读者服务部）　010 - 52227588 转 305（质检部）
网　　址　http://www. cfpress. com. cn
经　　销　新华书店
印　　刷　北京九州迅驰传媒文化有限公司
书　　号　ISBN 978 - 7 - 5047 - 7034 - 9/F · 3063
开　　本　710mm × 1000mm　1/16　　版　　次　2019 年 9 月第 1 版
印　　张　18　　印　　次　2019 年 9 月第 1 次印刷
字　　数　285 千字　　定　　价　98. 00 元

作者简介

姜旭： 留日经济学博士。

现任： 北京物资学院物流学院院长、教授、硕士生导师。

兼任： 中国商品学会副会长；

中国商品学会供应链质量研究会会长；

中国物流学会常务理事；

中国物流技术协会常务理事；

中国物资储运协会常务理事；

中国物流与采购联合会冷链专业委员会副会长；

中国物流与采购联合会大宗商品交易市场流通分会专家委员会委员；

中国物流与采购联合会采购与供应链专家委员会委员；

中国物流与采购联合会现代供应链研究院专家委员会委员；

中国城市物流研究中心特聘专家；

泰国蓝实大学中国商学院客座教授；

日本物流研究中心常务副主任；

日本物流技术协会客座研究员；

国家级物流系统与技术实验教学示范中心主任；

北京市物流系统与技术重点实验室主任；

北京现代物流研究基地首席专家；

《物流时代》专家委员会委员；

《中国物流与采购》编委会委员。

主要研究方向： 日本物流、冷链物流、城市物流、物流空间学。

主要研究成果： 近年，单独出版专著2部；在国内外核心期刊发表论文100余篇；获得省部级科研奖励20余项；主持国内外科研项目50余项。

序　言

欣悉姜旭教授编著的《物流名家讲堂（2015—2018）》已经付梓，不久即可出版。《物流名家讲堂（2015—2018）》是对46位国内外物流专家在北京物资学院的演讲内容的回顾、梳理与总结。这既是一项琐碎浩繁的资料收集工作，也是一项严肃的学术工作。我敬佩姜旭教授的辛勤付出，并真心为该书的出版而感到高兴。

《物流名家讲堂（2015—2018）》收录了自2015年以来北京物资学院“物流名家讲堂”共62讲的精华内容。在这本书中，我看到许多老朋友像丁俊发、戴定一、蔡进、黄有方、翁心刚、何明珂等物流界名家的身影。这些专家学者的讲演，涉及物流学科理论与方法的研究，以及具体细致的物流案例分析。这些内容从多个角度展示了近些年物流领域的研究成果，可谓是“百花齐放，百家争鸣”。

物流进入中国40余年来，经历了一个蓬勃发展的过程。在几代物流学者的共同努力下，中国物流研究取得了巨大的成就，逐步形成了具有中国特色的物流与供应链理论体系。现今，中国特色社会主义进入新时代，物流业也进入高质量发展阶段，培养有信仰、有力量的中国物流接班人更是迫在眉睫。“物流名家讲堂”正是北京物资学院为开拓师生们的社会视野、增强师生们的物流与供应链专业知识、建设潜心严谨的校园学术氛围而进行的一项长期工作。姜旭教授将这些精彩绝伦的讲演集结成册，是为培养物流人才而做的一项有益工作，我为此感到非常欣慰。

新时代就要有新作为、新气象。《物流名家讲堂（2015—2018）》对物流相关的前沿发展进行了详细介绍，对于读者了解和把握最新物流行业发展理念和动向，推进物流专业知识在中国的普及与应用，十分必要且意义重大。

我相信这本书将成为物流领域学术传播与学术交流的媒介与平台，成为物流学者在物流研习道路上的阶梯，成为传承北京物资学院精神的又一个载体，并为中国物流研究的理论与实践创新做出贡献。

北京物资学院校长　王文举

2019 年 5 月 6 日

前　言

历经几回寒暑，走过数载春秋，北京物资学院的物流教学研究以及人才培养在精心酿造中步步成长。北京物资学院始终秉承“厚德博学，笃行日新”的理念，为学生创设民主和谐、激励奋进的成长环境，帮助学生养成良好的行为习惯和健全的人格，培养学生形成正确的人生观、价值观和世界观，培养有责任、有担当的新时代大学生。

今天的青年一代正是祖国的未来、民族的希望。习近平总书记强调：青年一代有理想、有本领、有担当，国家就有前途、民族就有希望。代表广大青年、赢得广大青年、依靠广大青年是我们党不断从胜利走向胜利的重要保证。中华民族伟大复兴的中国梦终将在一代代青年的接力奋斗中变为现实。

我作为北京物资学院物流学院院长更是感到使命在肩，任务艰巨。长久以来，我将培养新一代物流人才视为工作的重中之重。在日本的 8 年留学生活，也让我深刻领悟到日本对于培养物流人才的重视程度。其中，北海道大学要求学生了解多样的社会活动，学会分析和解决实际的社会问题，并坚持邀请活跃在相关企业及政府机关的专家来校进行演讲，安排时间外出共同参观、共同研究；东京工业大学经常从校外聘请优秀人才，以“非常勤讲师”的身份进入课堂，与此同时，校方也非常重视邀请知名学者、企业家等卓越人士开设各类通识教育讲座。这些具有创新性、实践性的人才培养模式对国内高校具有重要的借鉴意义。

1912 年 5 月 16 日，蔡元培先生在北京大学开学典礼的演说中提出“大学为研究高尚学问之地”，大学不能只是从事教学，还必须开展科学研究。他要求大学教员不是灌输固定知识，而要对学问有浓厚的研究兴趣，并能引起学生的研究兴趣；大学生也不是死记硬背教员的讲义，而是在教员的指导下主动研究学问。蔡元培先生从大学性质出发，提出了“思想自由，兼容并包”的办学原则，大学只有广泛吸收各种人才、容纳不同学派，才有可能成为真正高水平的大学。

“纸上得来终觉浅，绝知此事要躬行”，我深知建设一个潜心严谨的学术氛围对高校良好发展的重要性。因此，2015 年，我秉持“培养时代需要的物流人才，让物流教育与新时代同频共振”的理念策划并开展了“物流名家讲堂”。“物流名家讲堂”每学期定期举办 8 讲，每讲邀请一位国内外物流领域的知名专家进行讲座。专家们以渊博的学识和对物流与供应链敏锐的洞察力，在讲演中展示了其学术成就，使师生们了解物流业最新的发展动向，增强其物流专业知识，为同学们营造了一个包容百家、弘扬学术的精神殿堂。在此，特对所有专家的支持和帮助表示诚挚的谢意。

《物流名家讲堂（2015—2018）》对 4 年共 62 讲的讲演主要内容进行整理并汇编成集。《物流名家讲堂（2015—2018）》的编辑和出版是对北京物资学院“物流名家讲堂”的一次梳理和总结，也是几十位专家学者最新成果的一次集中展示，其为读者提供优质的物流与供应链知识。

我衷心感谢每一位为本书的出版做出过贡献的人。感谢我的父母给予我的大力支持，感谢我亲爱的妻子，她默默的理解与支持是我一往无前的动力。感谢我的学生韩瑜、王雅琪、马翼疆等的倾力协助。

物流——“承德载物，如川之流”。世界上第一张邮票于 5 月 6 日诞生，邮票的本质是信件或货物的标签。中文当中的“5、6”又与“物流”发音相同。而当我落笔之时，又恰是 5 月 6 日，也许这就是此书和物流的缘分。

虽几经努力，但因本人学识和水平有限，难免有一些错误或疏漏之处，恳请广大读者批评指正。

姜　旭

2019 年 5 月 6 日于北京

目　录

第一篇

2015年春季学期 物流名家讲堂

I

第一讲

供应链管理的实践

姜超峰

◆ **作者简介**①

姜超峰，1982 年毕业于复旦大学经济系，获学士学位。高级经济师，北京交通大学客座教授，国务院特殊津贴专家，我国著名仓储物流学专家。历任中国物资储运总公司常务副总经理、中储发展股份有限公司副董事长、中储发展股份有限公司监事会主席。现任中国物资储运协会名誉会长，中国物流学会副会长、全国物流标准化委员会委员、中国海事仲裁委员会物流仲裁员、物流企业等级评审委员、国际道路运输联盟（IRU）中国事务组成员、北京中物联物流规划研究院技术指导专家、北京中物联物流规划研究院“全面质量管理委员会”内部审核评审组副组长等职务。

姜超峰会长多年从事现代仓储物流、供应链管理等领域的研究工作，尤其是长期致力于金融物流领域，将仓单质押业务延伸为金融物流业务，推进了企业从传统储运向现代物流企业的转变，解决了中小企业贷款难等问题。发表多篇物流研究文章，承担了科技部、国家发展和改革委员会、国务院国有资产监督管理委员会、工业和信息化部、商务部等部委多项重大课题研究，提出涉及物流企业分类、物流园区建设和宏观物流产业政策的多项创新性理论。

① 简介中的各位专家所任职务等相关信息，为演讲时的信息。

一、物流业

中国物流业围绕“一带一路”“长江经济带”“京津冀协同发展”“中国制造 2025”“互联网 +”等国家倡议、战略加快发展，政府规划引导和市场配置资源相结合，对国际、国内物流制度进行改革，重点建设道路、港口、机场和铁路的物流节点，推进物流管理和技术进步。

（一）物流企业分类

物流企业可以分为物流实体企业、物流技术企业、物流管理企业。物流实体企业主要包括铁路运输公司、公路运输公司、水路运输公司、航空运输公司、管道运输公司、仓储公司、装卸搬运公司、邮政公司等；物流技术企业主要包括叉车公司、吊车公司、分拣机公司、货架公司、搬运设备公司、计量设备公司等；物流管理企业主要包括货代公司、船代公司、物流管理公司等。

（二）物流业存在的问题

当前，物流业存在的问题主要包括：港口码头的规划建设过剩、铁路专用线发展受阻、物流园区建设水平偏低、货运中心泛滥和低劣、城市物流体系混乱拥挤、多式联运体系难以建立、保税物流运营艰难、应急物流体系不完善、化工危险品物流设施不健全、战略储备和安全储备不足等。

二、供应链管理

国家标准《物流术语》（GB/T 18354—2006）将供应链定义为：生产及流通过程中，涉及将产品或服务提供给最终用户所形成的网链结构。供应链是一种理念，用供应链思维处理物流业务，可以推动物流管理的变革。

经济全球化、国际分工使各种货物在世界范围内流动。我国经济的上游供应链有许多在境外：铁矿石行业、石油行业、煤炭行业、木材行业、铜行业、粮食行业、饲料行业、汽车行业、飞机行业等。我国经济的下游供应链也有许多在境外：家电行业、服装行业、玩具行业、机械行业、发电设备行业等。因此，经济能否持续发展的一个重要条件就是是否控制了供应链，是否实现了资源和产品的无障碍流动。

目前，我国很多部门和行业都在关注供应链。银行业推出供应链金融、"1+N"模式、核心客户、融资产品、资金安全、资金流动、快速结算等业务；中小生产与贸易企业减少资金占用、通畅采购和销售渠道等；跨国公司开始进行全球布局、优化流程、一体采购、缩短账期、最小存货、快速周转等；物流企业注重增加服务环节，提高企业效益；政府注重对物资和通道的掌控。

供应链管理是企业内部和企业之间的供应和需求管理的集成。供应链管理的基本流程涉及计划、采购、制造、交付、回收5个部分，具体又涉及战略、规划、布局、供需判断、决策、商业模式、资源、采购、生产、统计、财务、资产管理、运输配送、仓储、销售、服务、客户开发维护、标准、信息化、创新、研发、售后及回收、人力资源、竞争、评价及指标体系、持续改进等。

三、城市物流

城市物流是我国物流体系的重要组成部分。城市聚集了我国大部分人口，聚集了工业、流通业、服务业，是工业品、农产品的主要消费地。城市物流"一头连着生产，一头连着消费"，迅速增长的城市人口带来同样迅速增长的生产消费和生活消费，这是一个具有挑战和发展的机遇，城市物流要借助此次机遇，推动中国经济转型升级、城市和谐发展。

目前，城市物流面临以下4个问题。

（1）迅速扩大的城市急需物流系统的支持。许多城市都在建设新区，而大多数新区都比老城区大，原有的仓储、货站、道路、铁路、码头、港口的布局都需要重新规划。

（2）交通组织管理难以满足城市需求。人口和建筑的聚集给城市带来道路拥堵、噪声污染等问题。另外，货车进城受到严格控制，而货物供应不足将引起物价上涨。

（3）物流企业运营成本高。城市土地逐渐商品化、有偿使用，使低端商贸和物流企业只能去更远的地方，使用价格更高的土地，使其利润越来越少。

（4）物流政策见效慢。物流相关的政府部门较多，导致政令和信息不能互通统一，决策速度慢。

重建或优化城市物流体系，要解决以下 6 个问题：解决思想认识和理念问题；解决城市物流体系的规划问题；发展第三方物流，加快企业物流向物流企业的转换；做好综合交通和节点建设；做好城市物流信息化工作，形成城市的大数据体系；建设城市物流的基础标准。

四、电商物流

电子商务是在互联网、企业内部网和增值网上以电子交易方式进行交易活动和相关服务的活动，是传统商业活动各环节的电子化、网络化、信息化。其核心是被接受的交易规则、众多的交易量、资金和货物安全。

电子商务改变了传统的交易方式，电子商务的特点包括 6 点：交易不受时空限制；缩短交易环节；碎片化订单可以真实反映需求、降低风险；快速交易实现快速交付；为小企业提供销售市场；融资成本和交易成本低。

电子商务发展的原因主要包括以下 5 点。

（1）电子商务得以生存的主要原因在于廉价的商品、廉价的互联网、廉价的交易成本。

（2）网上交易的主动权从卖方转向买方。

（3）物流是完成最终交易的关键环节，物流市场逐渐规范。

（4）支付手段逐渐完善，金融电子化使网上支付更方便安全。

（5）随着信息技术的发展，信息查询、追踪、反馈、单证流转、合同生成、认证更便捷，使交易更加可控。

第二讲

新常态下物流企业的思考与变化

恽　绵

◆ 作者简介

恽绵，德利得物流总公司运营总监，中国物流学会副会长，中国物流与采购联合会常务理事、特约研究员，北京道路运输协会副会长，国际物流与运输学会注册会员，国家人事部及中国物流与采购联合会授予的全国物流行业劳动模范。

恽绵凭借多年系统的研究，获得多项省部级科学技术进步奖，并积累了大量的经验，具有较强的分析能力、诊断能力以及管理能力。特别是在我国第三方物流企业的发展战略与组织实施方面，提出了“以创新为核心的现代物流企业发展模式”以及“适合中国物流市场实际的物流服务管理体系”。在物流企业战略管理、现代物流企业管理、现代物流信息系统管理、企业经营策划，以及物流培训方面拥有丰富的工作经验。

一、经济新常态下的新思维

新思维区别于传统思维，是对企业转型升级思考的新方法、新理念、新思路。新思维的依据是新常态带来的新变化，包括增长方式、增长动力、技术革命、产业结构、消费结构、人口结构、就业结构、贸易规则、商业模式、融资方式、投资走向、企业生态等方面的变化。适应这些变化，企业转型升级的思维也必须相应变化。新常态下企业转型升级的新思维主要体现在以下 4

个方面。

（1）互联网思维。互联网思维是在移动互联网、大数据、云计算等科技不断发展的背景下，企业对市场、用户、产品，以及企业价值链乃至对整个商业生态进行重新审视的思维方式。

（2）用户思维。企业经营理念必须由以企业为中心改为以用户为中心，要把“企业思维”转变为“用户思维”。企业应与用户结盟，变买卖关系为合作共赢关系。

（3）生态思维。未来企业的内、外边界很难界定。原来的组织管理，基本上都是内部行为。未来的组织，既包括组织内部资源，也包括组织外部资源。

（4）创业与创新思维。在新常态下，企业必须走“大众创业、万众创新”的发展道路。“大众创业、万众创新”就是要鼓励大众创业者应用新技术、开发新产品、创造新需求、培育新市场、打造新业态。

二、物流企业的优化

1. 物流成本优化

制造业物流成本优化主要包括优化仓储成本、优化运输成本、优化包装成本、优化分拣成本、优化配送成本。

2. 供应链优化

随着物流行业的整合，对物流的要求也不再局限于简单的配送，而是全供应链的优化。简单的物流配送已难以体现物流企业的竞争优势，物流成本也很难得到进一步降低。物流企业要想获得市场竞争优势，需要对供应链进行优化，与电商企业共同构建供应链系统。物流企业贯穿供应链上下游，掌握各类渠道资源，向供应链一体化服务平台转型具有先天优势。比如，某物流企业为更好地服务客户，成立了供应链事业部，在不同的地区设立区域配送中心，与客户对接仓储配送系统，电商客户的订单由最近的区域配送中心就近接单发货，提高了物流时效性，降低了综合物流成本。物流企业只有和电商企业结成战略联盟，从供应链上优化物流、商流、信息流和资金流，才能进一步降低行业运营成本，提升企业整体竞争实力。未来，一部分物流企业将加快延伸服务链条，提供供应链增值服务，实现向供应链一体化服务商转型。

三、物流企业的创新

1. 技术创新

物流企业的发展离不开先进的信息技术和科技装备的应用。科技创新是行业及企业持续发展的原动力，只有通过科技创新才能够全面提升我国物流行业和企业的服务质量。企业要不断引进新的设施设备，加快物流信息平台的研发，强化物流设施设备的研发力度，推动产学研深度融合，从市场化需求的角度推进物流新技术。

2. 服务创新

物流行业还要不断创新服务模式。企业要充分利用自有资源和优势，对人、财、物、信息等资源重新进行优化配置，选择新的物流突破口作为企业未来的发展方向。

第三讲

关于物流企业的改善与安全活动

松尾纯利（日本）

◆ 作者简介

松尾纯利，现任日通国际物流（中国）有限公司总经理。曾任日本通运株式会社京都航空支店出口第一课主任，京都航空支店出口课主任，京都航空支店出口课系长，大阪航空支店国际货物开发课系长，英国日本通运株式会社中部支店支店长，天宇客货运输服务有限公司上海分公司营业部长，名古屋航空支店次长，日通国际物流（中国）有限公司上海分公司总经理。

物流企业在国际竞争中具有优势的基本条件是不断提高服务品质、效率和性价比，实现和同行的差别化。对物流企业来说，品质意味着高效率、省力、无事故，最终达到客户满意的效果。为实现高品质的服务，物流企业就要在保证安全的情况下不断改善业务。

一、业务改善

业务改善是在现行的业务安排、工作流程中找出问题并进行分析，制订改善方案后，在业务现场付诸实行的活动。

“改善”是彻底排除“浪费”的过程。丰田汽车公司的生产方式就存在“七个浪费”：生产过剩、工作等待、不良产品、不必要的搬运、不必要的加工、不必要的库存、不必要的动作。以给商品粘贴“易碎品”标签为例，整个作业流程包括打印标签、搬运箱子、粘贴标签、商品出货 4 个部分，其中，可能会出现的浪费现象有：打印过多的“易碎品”标签；等待箱子被搬运来的时间；搬运箱子的移动距离过远；给非易碎商品粘贴“易碎品”标签；保管过多的商品；每一次粘贴都要找粘贴位置；贴错标签、重新粘贴。

日通国际物流有限公司 3 个改善业务的案例如下。

（1）减少动作的浪费。公司的员工在扫描货箱上的标签时，通常每箱都要扫描 3 个地方，而每位员工平均一天要扫描 3500 箱，即扫描 10500 次。由于货物的托盘高度固定，员工扫描时通常采取蹲姿，这样一天下来十分疲惫，也会影响工作效率。因此，公司用闲置的金属线棒和轮子组装成移动式凳子，员工坐上去和托盘货物高度一致，可以灵活移动，改变了不舒服的操作姿势，减轻了作业痛苦。

（2）减少库存的浪费。一般情况下，装液体原料的容器会放置在平坦的地方，并接上制造设备的软管，但当原料用完，需要替换新容器时，软管接口以下部分会有液体残留，造成原料的浪费。因此，工作人员设置了一种容器专用架台，其倾斜度为 15°，将容器放在有倾斜度的架台上，不用做额外的作业，也可以充分使用液体原料。

（3）减少不良作业的浪费。在公司里，用滚筒式台车搬运产品托盘时经常会由于未拉安全栓而引发滑动，导致倒货。因此，工作人员在台车上安装了警报器，放下安全栓时警报响起，拉起安全栓后警报解除，即装卸过程中警报鸣响，运输过程中警报静音，有效减少倒货事故。

二、安全活动

海因里希法则（Heinrich’s Law）是美国著名安全工程师海因里希（Herbert William Heinrich）提出的 300∶29∶1 法则。这个法则意为：当一个企业有 330 起隐患或违章，必然要发生 29 起轻伤或故障，另外还有一起重伤、死亡或重大事故。海因里希法则是通过分析工伤事故的发生概率，为保险公司的经营提出的法则，这一法则完全可以用于企业的安全管理上，即在一件重大的事故背后必有 29 件轻度的事故，还有 300 件潜在的隐患。因此，只要防止轻微事故的发生，就不会发生重大事故，只要防止潜在异常的发生，就不会发生轻微事故。

日通公司十分重视叉车安全，为了杜绝叉车事故，公司会定期对叉车驾驶人员进行培训，也会定期举办叉车技能展示大会。

综上所述，物流公司要坚持“现场主义”，在会议室的讨论无法体现“事实确认”，只有在现场，才能传达最真实的情况。通过改善活动和安全作业提高“现场力”是物流公司管理的重点。

第四讲

互联网与物流转型升级

戴定一

◆ 作者简介①

戴定一，1984 年毕业于中国社会科学院研究生院，数量经济专业，获得硕士学位，1988 年在美国商务部普查中心做访问学者。高级经济师、中国物流学会常务副会长、全国物流标准化技术委员会副主任、国务院特殊津贴专家。历任国家经济贸易委员会信息中心副处长、中国物资信息中心处长、中国物流信息中心主任、中国物流与采购联合会副会长、中国物流技术协会理事长等职。

戴定一多年从事市场信息系统建设和市场监测、分析、预测以及物流信息化、标准化领域的研究工作，曾先后获部委级科技进步一、二等奖，国内贸易部有突出贡献的专家等称号。曾主持国家科技发展中长期规划中的物流科技规划，以及“十一五”“十二五”期间物流标准化规划等工作。戴定一是我国物流信息化的主要推动者，是物流技术装备领域知名专家。

一、物流业的发展

1. 非资产型资源整合加快

中国物流业逐渐开始整合现有物流资源，建立“非资产型”的第三方物

① 简介中的各位专家所任职务等相关信息，为演讲时的信息。

流企业模式。一方面，由于我国第三方物流企业的部分投资者缺乏足够的资金，去构建全新的基于资产的第三方物流企业，因此，他们必须采用“非资产型”的第三方物流形式；另一方面，我国传统的运输部门、企业和商储公司作为物流行业的主力，占据着我国物流的主要社会资源，他们有自己的仓库、站场设施，有自己的运输搬运设施、铁路专用线和客户网，但从全国范围来看，这些物流资源利用率较低，同质化竞争严重。

因此，根据实际情况整合现有物流资源，建立“非资产型”的第三方物流企业，一方面，可以充分利用社会既有物流资源优势实现资源共享；另一方面，避免了组织机构的臃肿庞大。

2. 交易上线提速

在线交易是指通过互联网进行交易，其交易主要凭借虚拟货币完成各种实体物品、信息服务、虚拟产品的购买。随着电子信息时代的到来，20 世纪 90 年代后，通过互联网完成的交易逐渐增多，现在几乎所有物品均可在互联网上交易。

在线交易是整合其他增值服务的“入口”，可以实现全流程透明化。对于买家来说，在线交易流程简单，支付无障碍，并且保障安全；对于卖家来说，在线交易可以累积交易记录，获取诚信积分，抢占搜索优先排名，发展异地生意。现在物流金融也成为竞争热点。

3. 货运 App 涌现

目前，货运 App 成为热点。通过开发物流货运 App，可以很好地解决货运信息供求不平衡的现象，扩大货运订单数量，从而保障货运司机的收入和利益。但存在一定风险，发展前景还有待观察。

二、转型升级的特点

1. 价值观

随着社会的发展，需求逐渐差异化，差异化产品和服务也逐渐成为价值创新的主体。制造业开始实行“大规模定制”的生产模式，缩短产品周期，使供应链模块化、柔性化。同时，服务业把产品与服务融合起来，向差异化发展。

2. 方法论

传统的工业方法论是“标准化、规模化”，而随着网络经济的到来，出现了新的工业方法论：“资源共享、作业协同”。产业未来将向扁平化、去中心化发展，企业之间也更倾向于多个有独立价值的企业互相分工合作，以实现开放、互利。

3. 信息化技术

传统的信息化聚焦在“透明化”，而新时期的信息化聚焦在“智慧化”，以适应差异化时代的需求。智慧的基础阶段是“判断、选择”，将引导信息化向数据转移，提高系统的判断和选择能力。

三、互联网思维

1. 组织与关系

随着互联网的发展，出现了新的产业革命，互联网联通的广度和深度替代了权利和管理，颠覆了传统的组织方式与相互关系，彰显了互联互通的价值，这也是社会变革的基础。

2. 创业

互联网给创业者提供了更多的机会，也是一次观念变革。创业是一种精神，一种创新的精神，一种自主的精神。

第五讲

中国物流业中长期发展

魏际刚

◆ 作者简介

魏际刚，国务院发展研究中心产业经济研究部研究员、博士生导师。1974 年生于浙江，2002 年获北京交通大学经济学博士，2002 年 4 月—2004 年 5 月在清华大学公共管理学院从事博士后研究。2004 年进入国务院发展研究中心，2010 年任国务院发展研究中心研究员。同时兼任中国物流学会副会长、中国电子商务物流企业联盟副会长、国务院城镇居民基本医疗保险试点评估专家组成员、北京交通大学兼职教授和博士生导师、北京物资学院兼职教授、北京燕京理工学院特聘教授等。

近年，出版了《运输业发展中制度因素》《物流经济分析》《中国医药体制改革与发展》《物流战略》等专著，参与了国务院和有关部委多项重要文件的起草。2007 年、2009 年分别获得中国发展研究奖一等奖，2014 年，获得中国电子商务物流突出贡献人物。

一、中国物流业发展的基本现状

1. 物流市场开放程度高

改革开放之初，跨国物流企业开始进入中国。20 世纪八九十年代，先后有联邦快递、敦豪、天地物流、联合包裹、马士基等跨国物流企业在中国建立合资企业。中国加入世界贸易组织后，物流业进一步扩大开放。2006 年起，外资企业在中国可自行设立分销网络，独立经营物流业务。凭借规模、资金、技术和管理等优势，跨国物流企业已从原先主要以合资为主逐步走向独资，从单一业务走向综合物流业务，从集中于中心城市物流业务向构筑全国性物流网络展开。2014 年 9 月，中国全面开放国内包裹快递市场，对符合许可条件的外资快递企业，按核定业务范围和经营地域发放经营许可。引进来的同时，国内物流企业国际化也迈出一定步伐，加大开拓国际物流业务和海外布局布点力度。

2. 物流业发展不平衡

受经济、生产力、基础设施、市场化程度、信息化水平、需求等因素的影响，物流业呈现东部发展快、中西部物流业发展慢、城市物流相对发达、农村物流滞后且水平低的局面。

3. 多元化物流发展格局

物流已经形成多种所有制并存、多元主体竞争、多层次服务共生的格局。从所有制看，国有、民营和外资形成三方对立的局势；从需求看，既有民生需求，也有来自农工商等产业需求；从提供主体看，既有传统企业，也有专业化企业和新兴企业。

4. 物流服务科技水平有较大提升

与过去科技含量较低的状况相比，目前，物流行业信息化建设有一定进展，物流集成化和自动化水平有较大提升。物流行业自身技术进步较快，信息化程度不断增强。

二、中国物流业发展的主要问题

1. 物流绩效有待提高

物流绩效不高的原因主要包括以下 5 点：物流系统性不强，网络化程度较低；物流基础设施结构性短缺；第三方物流和供应链服务发展不足；物流信息化和智能化滞后；物流业与相关产业联动不足。

2. 物流业整体创新能力弱

相比于创新活跃的生产制造环节和交易环节，物流业整体创新严重滞后。国内物流企业的组织惯性现象普遍，对已有的物流服务体系优化升级的意愿不强。此外，国内物流企业的创新面临来自跨国公司的技术壁垒、资金壁垒、外部资源壁垒、管理壁垒，来自国内环境对企业进入的限制壁垒，以及企业自身对创新的阻碍，如技术依赖等。这些壁垒严重阻碍了物流企业的创新发展。

3. 物流国际化水平低

中国全球连接能力不强，国际资源整合能力弱，国际竞争力弱，缺乏国际战略通道和战略支点，缺乏全球物流治理能力，滞后于全球化发展进程，物流的国际化能力亟待提升。

4. 规范有序的物流市场尚未形成

许多物流企业经营不规范，服务意识淡薄，法律意识不强，诚信体系严重缺乏。统一开放、公平竞争、规范有序的物流市场远未形成。一些地方针对物流企业的乱收费、乱罚款问题突出。信用体系建设滞后，物流从业人员整体素质有待进一步提升。跨国物流企业在用地、税收等方面得到一些地方政府的诸多优惠，享受超国民待遇。物流市场的进入与退出、竞争规则基本上无统一法律法规可循，社会性的物流服务缺乏有效的外部约束，不正当市场竞争难以避免。

5. 物流不可持续和安全问题突出

公路、航空、铁路、水路等运输方式的资源、能源、土地等消耗和大规模排放问题突出。超载、超速、驾驶员操作不当以及报废车辆继续行驶造成的严重人身安全和货物损害事故经常发生，危化品仓储管理薄弱等给企业和国家带来了重大损失。信息安全水平很低，物流信息和快递信息泄露时常发生，部分物流企业对用户信息不能执行严格保密制度，存在内部人员利用信息谋利的情况，造成用户信息和个人隐私泄露。

6. 物流应急能力薄弱

中国现有应急物流保障系统抗风险性较差，应急能力薄弱。在应对各类重大突发性事件时，难以做到“第一时间”应急物资的保障。由于传统物流经营比较封闭，割裂了物流各方面的联系，衔接不顺畅，难以及时满足应急保障的需要。

7. 物流人力资源保障弱

中国物流人力资源总量和层次均不高，物流从业人员在学历结构、职称结构和技术等级结构等方面均与发达国家存在较大差距。物流人力资源后期培养力度不够，物流企业只重视现有人力资源的使用，对人才培训的重视和投入不够。物流人力资源培养结构不合理，以物流科技创新和知识型物流人才为核心的教育体系尚未形成，在学校教育方面和职业培训方面，都不能很好地满足物流企业对物流人才的需求。

8. 物流体制机制法律政策等尚不完善

中国物流体制机制法律政策存在的问题主要包括物流业管理体制和治理能力弱、物流法律法规和政策不完善。

三、中国物流业发展趋势

1. 经济规模与贸易扩张、结构转换与升级对物流业发展带来深刻影响

未来，中国将成为世界第一大经济体，由此将成为物流需求增量和物流市场规模最大的国家。中国将基本实现工业化，在工业化推进过程中，工业体系仍将有较大发展，大宗能源、原材料和主要商品的大规模运输方式和物流需求仍将旺盛。同时，产业结构将从“二、三、一”进入到“三、二、一”阶段，服务业和工业一道共同推动中国经济增长。产业结构的变化和逐步升级，生产方式的变化，带来“短、小、轻、薄”商品以及小批量、多频次、灵活多变的物流需求快速增加。

2. 新型城市化、区域一体化及区域增长新格局对物流空间分布、效率、获得性等提出更高要求

中国正经历着规模宏大的城市化，推动着物流活动集中于城市群、城市带、大中小城市和城际间，不断增加的物流量、机动车量以及能源短缺、环境污染、交通拥堵和道路安全等问题，提升城市内、城际间物流效率的需要变得迫切，构建“以人为本、城乡统筹、大中小城市相协调”的新型城市，建设功能强大、高效集约的城市物流和配送体系。

3. 全球化纵深和开放新格局推动物流市场深刻调整

全球化推动中国与世界经济的联系和相互作用日益加深，要求中国与世界各国有更好的交通运输、物流、通信、信息等基础设施连接。中国除与发达经济体继续保持密切经贸往来外，与新兴经济体以及发展中国家的贸易增

长将会成为新的重点，贸易格局的变化带动国际物流活动的发展。从中长期看，中国国际贸易仍将有稳健增长，带动中国国际物流继续较快发展，跨境电子商务物流将会有更快发展。

4. 新技术突破和信息网络技术的广泛应用促进物流业升级

交通运输、物流、先进制造、信息网络、新能源、新材料、生物科技等领域在孕育新的技术突破，高速铁路、大型高速船舶、绿色航空、电动汽车和新能源汽车、无人驾驶、智能交通、智能仓储、智能分拣、新材料技术、节能环保技术、物联网、下一代信息网络、现代管理、计算科学等将在物流领域得到更加广泛地推广和应用，互联网、移动互联、大数据、云计算、物联网、人工智能等将与物流业深度融合，这些都给物流业升级带来重大促进作用。未来，物流技术创新将显著反映出安全化、快速化、便利化、大型化、自动化、信息化、数字化、网络化、智能化、个性化、多样化、人性化、精细化、绿色化和节能化等时代性特点。

5. 可持续发展和要素成本上升等驱动物流发展转型

未来，中国物流能源消耗仍处于快速增长期，对液体燃料需求将大幅增加。由于物流企业运营所需的能源、劳动力、土地价格持续上涨，加之服务价格偏低、融资环境不佳影响，依赖“高投入、高消耗、高排放、低产出、低效益、低科技含量”的传统物流运作模式难以继续发展，面临着降低成本、提高效率、可持续发展的转型要求。

6. 供应链将会加快发展

供应链创新与应用，有利于加速产业融合，深化社会分工，提升产业集成和协同水平；有利于加强从生产到消费各个环节的有效对接，降低企业经营和交易成本，促进供需精准匹配和产业转型升级；也有利于交通物流企业更深、更广地融入全球供给体系，成为推进“一带一路”建设落地，打造全球利益共同体和命运共同体的全新动能。

7. 应急和民生物流的重要性日益凸显

中国自然环境和气候复杂多样，自然生态灾害严重。在加快推进工业化、城市化和经济社会转型时期，各类突发性事故发生概率将会加大，加之全社会安全意识不断提高，应急物流体系建设十分迫切。

第六讲

世界因供应链而变

丁俊发

◆ **作者简介**

丁俊发，1964年毕业于中国人民大学，后留学、工作于法国，1967年回国。国务院特殊津贴专家、我国著名流通经济专家、多所大学客座教授。历任机械工业部办公厅副主任，合肥工业大学副校长，物资部办公厅主任，国内贸易部党组成员、总经济师，国家国内贸易局党组成员、副局长，中国物流与采购联合会副会长、中国物流学会常务副会长等职。现任中国物流与采购联合会首席顾问、中国物流学会首席顾问、中国市场学会副会长、中国海事仲裁委副主任、中国国际贸易促进委员会物流行业分会会长等职。

丁俊发先生长年从事供应链、流通经济学、现代物流学研究。主编或独著20多本著作，两次获部级科技进步一等奖，一次国家图书奖。2000年被《中国市场》杂志评为影响中国市场的25位经济学家之一；2002年被“中国物流媒体联盟”评为“2001年度中国十大物流风云人物”；2007年被“韩国物流学会”授予“国际物流贡献奖”；2008年被“中国物流与采购联合会”授予“中国物流改革开放30年突出贡献人物”荣誉称号。

一、供应链管理是中国经济与企业发展的必由之路

供应链是在生产与流通过程中，将产品与服务提供给最终用户的上、下

游企业形成的网链结构。供应链管理是利用计算机网络技术，全面规划供应链的商流、物流、信息流、资金流等，并进行计划、组织、协调与控制的管理方法。

（一）供应链管理是战略思维

供应链战略分为全球供应链战略、产业供应链战略、城市供应链战略和企业供应链战略 4 个层面。其中，企业供应链战略是基础。

1. 全球供应链战略

2012 年时任美国总统的奥巴马颁布了“美国全球供应链国家安全战略”，提出“加强全球供应链，以维护美国人民的福祉和利益，保障国家的经济繁荣”。美国对“帝国木桶理论”中工业、科技、金融、军事、文化 5 个板块实施的全球供应链整合计划使美国始终走在世界的前列。除美国外，德国、英国、法国、日本等，都有各自的全球供应链战略，在全球范围内发展产业链、供应链与价值链。

2. 产业供应链战略

目前，国家之间的竞争力已不能完全用产品数量来衡量，而是用供应链的控制力，对资源、资金的占有率，对知识产权的享有力等。许多国家把供应链战略作为产业发展战略的重点，以全球地域为空间布局，打造某些优势产业的“微笑曲线”，建立从战略资源、金融资本到制造生产，再到销售与服务市场的全产业链与价值链。

3. 城市供应链战略

在互联网与物联网时代，人们开始研究与建设智慧城市。城市的管理是“五流”，即商流、物流、信息流、资金流、人文流等资源的优化组合，目的是实现发展模式、产业结构、空间布局、运作流程的最优化。迈克尔·波特在《国家竞争优势》中把国家竞争力发展分为 4 个阶段：生产要素导向阶段、投资导向阶段、创新导向阶段和富裕导向阶段。中国城市基本处于投资导向阶段，有些城市已向创新导向阶段转移。

4. 企业供应链战略

物流本质上是人类社会的一种实践活动，普遍存在于物质资料的生产、交换、分配和消费等各项社会活动过程中，以企业为活动基点。

（二）供应链管理是模式创新

创新大体可以分为理论创新、模式创新、结构创新、文化创新和技术创新。其中，模式创新对传统行业最具颠覆性和冲击力。供应链管理是移动互联网、大数据、云计算支撑下的模式创新。近 30 年来，全球生产业、制造业、流通业发生了很大的变化，变化的核心是由于分工和信息网络技术的快速发展，使企业之间的竞争演变为供应链之间的竞争，也使许多企业从单纯生产或销售活动的组织者演变为链条的组织者和资源的集成者。供应链管理的发展正在改变传统的商流、物流、信息流与资金流的运作模式，包括商流中的电商服务平台、物流中的供应链集成、资金流中的供应链金融、信息流中的大数据等。

（三）供应链管理是技术进步

目前，最前沿的高新技术都在供应链中有所体现。智慧的供应链可以提高柔性、增强可视化、降低风险、实现内部同步、完成客户导向。

1. 提高柔性

智慧供应链可以准确预测需求、协调运输工具资产与基础设施架构的部署，并持续调整运营系统，保持对外部环境的高反应性。

2. 增强可视化

智慧供应链可以实现整个供应链的可视性、跨价值链的连通、支持协作（在供应链网络中共享决策制定）、智能分析。

3. 降低风险

智慧供应链可以高效且迅速地发现、降低并调整供应链上的风险。

4. 实现内部同步

智慧供应链可以管理驾驶舱、决策仪表板，提供关于过去、当前的分析和未来的趋势分析，并在供应链中实时传达。

5. 完成客户导向

智慧供应链能够满足日益严苛的客户需求，更精确地同步提供服务以及追溯信息，提高作业效率的同时减少对环境的影响。

（四）发展趋势

供应链管理发展的5个趋势：供应链管理将逐步提升到国家、产业、城市、企业发展的战略层面；供应链管理将成为企业的一种模式创新；供应链金融将成为产融结合的一个重要支撑点；产品供应链与服务供应链平台建设将成为中国物流业现代化的重要标志；互联网、大数据、云计算、电子商务的发展将进一步提升供应链管理的应用与价值空间。

二、第二产业的“第三产业化”

亚当·斯密的社会分工理论提出，市场的规模与经济自由环境决定了劳动分工的深度与广度。劳动分工是把双刃剑，它既可以提高劳动生产率，也加大了交易成本。中国企业“大而全”“小而全”的商业运作模式还没有完全改变，企业难以形成核心竞争力。因此，大力推进第二产业的“第三产业化”对企业十分有利，即把第二产业中的服务业的大部分分离出来，特别是要把物流服务分离出来，大力发展制造服务业，将非核心竞争力外包，打造企业核心竞争力，可以迅速增加第三产业在国民经济中的比重。

三、从工业大国到工业强国必须创建“新四军”

中国要想从工业大国发展成为工业强国，就必须创建“新四军”：夯实自主知识产权；推进工业化、信息化“两化融合”；确立供应链管理运作模式；开拓目标市场。“新四军”可以改变中国企业的发展方式，为中国经济从粗放经营到集约经营的转变奠定基础。

四、中国流通业必须寻求供应链突破

中国流通业要想稳步提升，就必须在供应链方面进行突破，主要包括6个方面：“顶层设计”——政府的政策支持；实施流通的全球产业供应链；组织流通城市供应链；优化流通企业供应链；把降低物流费用作为重点；利用互联网、大数据、云计算、物联网推动流通业的现代化。

第七讲

关于最近的物流解决方案

近藤　功（日本）

◆ 作者简介

近藤　功，现任日通国际物流（中国）有限公司东亚地区营业企划开发部部长。曾任日本通运株式会社东京航空支店国际货物部系长，天宇客货运输服务有限公司青岛分公司总经理，东京航空支店国际货物第二营业部次长，香港日通有限公司上海代表处一般代表，日通国际物流（深圳）有限公司总经理兼日通国际物流（中国）有限公司深圳分公司总经理。

一、供应链管理

供应链管理（Supply Chain Management，SCM）是指在企业根据预测或订单进行生产，并将产品配送至顾客手中的过程中与之相关的一系列作业活动。

供应链生产模式主要分为推型（Push）和拉型（Pull）。Push 型模式是将生产出的产品不断地投入流通渠道的模式，市场“供不应求”时适用该模式；Pull 型模式是指根据实际的需求进行生产，供应给顾客的模式，其可将接受定制、准备生产、零部件采购、生产、产品交付等一系列操作循环高速流动，根据需求的变化而灵活应对。

目前，以核心制造企业龙头，各供应商和第三方物流企业组成的资源互补的供应链网络系统，大多采用以 Push/Pull 相结合的供应链生产组织模式。该模式采用推拉相结合的计划管理策略。该策略应用物料需求计划（Materials

Requirements Planning，MRP）推式管理的生产计划思想，企业按照市场需求预测来制订主生产计划，根据主生产计划和订单编制排产计划，根据生产线生产进度编制各物料需求计划，并将它传递给供应商，由供应商依据物料的交货日期按照编制生产作业计划；生产进度控制则由核心制造企业对零部件的需求状况来拉动执行。整个供应链企业在生产计划和物料需求方面采用MRP，在生产过程控制方面采用准时制生产方式（Just In Time，JIT）。另外，计划执行过程中，系统可以通过Internet/Intranet（因特网）监控各供应商生产计划的执行情况，对有可能推迟交货的物料及零部件提前发出异常信息，从而能快速修正生产计划，使供应链中处于该节点下游的各个节点能够迅速做出反应，避免生产的波动。

二、供应链管理的优化

（一）服务宗旨

企业应当制定具有战略意义的服务宗旨，主要包括3个方面：明确产品交付给客户的日期；设定标准库存水平，根据每月、每周仓库内最适合的库存来明确最佳的库存月数；设定客户的优先等级，根据客户的重要度来设定配送目的地的优先等级。

（二）信息共享

现代信息技术（Information Technology，IT）的发展奠定和促进了信息时代的到来，也直接影响企业的改革和管理。企业可以利用先进的IT技术，提高需求预测的精度。另外，信息共享也是供应链管理的关键。供应链管理需要来自各个节点企业的实时、准确的信息。企业应当优化部门间联系，建立各业务部门间信息共享的规则。销售环节与生产环节信息共享、核心企业与供应商信息共享，包括共享长期计划、中期计划、短期计划信息，共享信息可以促进业务优化。

（三）合并以实现规模化

在供应链中，把分散的业务集中起来可以获得规模优势。包括由核心企业统一配送，由核心企业组织统一取货。在生产环节中，N个品种对应多条生产线，这时若把某条生产线专用于生产量大的品种，即使空闲也不切换生产其他品种，也是一种合并零散订单获取规模优势的策略（一些业务实践表明这样可以提高生产率），分析供应链哪些业务可以合并，如果能够合并，则可能有改进空间。

（四）时间优化

时间优化是一种基本的优化策略。缩短时间会优化库存周转、订单提前期等指标。时间优化的基础是先画运作流程图，标注各环节时间，画出时间图后，逐项分析哪一项时间可以缩短或者取消，从而优化供应链。

第二篇

2015年秋季学期 物流名家讲堂

II

第一讲

供应链思维与供应链管理

崔介何

◆ **作者简介**

崔介何，北京物资学院二级教授，首届北京市高等学校教学名师，中国物流学会常务理事，中国物流与采购联合会企业综合评估委员会委员，国家教委物流专业教学指导委员会创办人之一，第1届教学指导委员会委员，2011年评为北京市高等教育精品教材立项学科评审专家，5A企业认证评审专家。

崔介何一直致力于物流理论与实践的研究，主要代表著作有《物流概论》《物流学》《企业物流》《物流学概论》《电子商务与物流》《北京物流蓝皮书》《现代物流管理教程》等。崔介何教授曾获中共北京市委、北京市政府颁发的第九届哲学社会科学优秀成果二等奖、北京市哲学社会科学"十五"规划优秀奖、国家国民经济动员办公室优秀论文奖、中国物流学会优秀论文奖、宝供物流促进奖，北京市高等教育教学成果奖等。《物流学》和《物流学概论》两部教材被教育部指定为普通高等教育"十一五"国家级规划教材；作者主讲的物流学概论课程被北京市教育委员会评为北京市精品课程。

近年，供应链管理在国内外受到广泛重视。供应链管理从物流管理开始发展，随着经济全球化、知识经济时代、全球制造的出现，供应链管理得到了普遍的应用。

一、供应链与供应链管理

（一） 产生的背景

供应链管理可以分为 3 个阶段：1980 年左右是传统供应链阶段，1990 年左右是经济生产阶段，1995 年以后是现代供应链阶段。随着人们消费水平的提高，大规模制造很难再满足用户的需要。因此，出现了以下 4 种现象：产品品种激增、产品寿命周期变短、顾客对产品服务的期望变高、顾客对交货期要求变高。这对于企业的生产、流通、销售各个环节都提出了更高的要求，也促进了供应链的产生。

（二） 相关概念

经济学中的产业链、价值链与物流管理中的供应链描述的是同一经济活动现象。产业链强调通过商品一系列使用价值形态的变化，使产业间形成衔接与关联性；价值链强调商品价值的增值过程；而供应链理念则强调商品实体的流动过程。

传统纵向供应链的特征：以市场中的主导企业为中心；市场化交易的作业过程；逐级、缓慢的沟通过程；预测信息不准确；供应链延迟"乘数效应"；各供应商或用户之间存在缓冲库存或安全库存。而随着社会的发展，供应链逐渐集成化：以用户需求为中心；集成、协同的运作过程；快速、即时的沟通；准确、计算机化的信息互动；针对延迟的解决方案；延迟乘数效应很小；提高预测水平和减少库存。

二、供应链思维

（一） 供应链管理的演化

随着经济的发展，供应链的管理也在不断发生变化。

20 世纪 70 年代，企业采用竞争的方法来驱动成本下降和选择伙伴；80 年代，企业采用通信的方法来促进与内外部合同商的关系；90 年代，合作成为企业与外部组织更好地同步发展的手段。现在，企业之间需要通过先进的技术来实现更快的发展。

（二）供应链管理的特征

1. 供应链的每个节点都是供应链必不可少的参与者

供应链涵盖了所有影响成本和顾客满意度的节点：供应商、制造商、分销商、零售商、物流服务商、最终用户。供应链上的节点企业间是供需协调、物流同步的关系。

2. 供应链是一条物流链、信息链、资金链、增值链

供应链不仅是一条连接从供应商到最终用户的物流链、信息链、资金链，而且是一条增值链，使所有供应链的参与者受益。物流在供应链上因加工、包装、运输、配送等过程增值，给相关企业带来了收益。

其中，增值链中的价值是客户定义的，客户满意度是衡量价值的标尺，客户的价值观决定产品的寿命周期，价值观的变化促进产品更新换代。所以，增值链实质是客户价值和企业价值的关系，客户价值与企业价值对立统一，企业必须在满足客户价值的前提下，提高产品和服务质量，降低成本、获取利润。

3. 供应链是由若干供应链集成的网链结构

供应链通常由多个、多类型甚至多国企业构成。一个企业可以同时是多条供应链的成员，众多的供应链形成交叉结构。所以，企业不但要考虑主营供应链，还要考虑其他交叉结构链。

4. 供应链管理的协作关系

供应链各节点之间是协作关系，合作成员要通过信息公开、信息共享、计划共有、业务共同化等方式，积极为合作者提供利益。合作成员之间也要分担风险，这对消除供应链瓶颈、取得合作利益具有积极意义。协作关系就是共享信息、共担风险、共得利益。

第二讲

供应链管理的创新业务

姜超峰

◆ **作者简介**①

姜超峰，1982年毕业于复旦大学经济系，获学士学位。高级经济师，北京交通大学客座教授，国务院特殊津贴专家，我国著名仓储物流学专家。历任中国物资储运总公司常务副总经理、中储发展股份有限公司副董事长、中储发展股份有限公司监事会主席。现任中国物资储运协会名誉会长，兼任中国物流学会副会长、全国物流标准化委员会委员、中国海事仲裁委员会物流仲裁员、物流企业等级评审委员、国际道路运输联盟（IRU）中国事务组成员、北京中物联物流规划研究院技术指导专家、北京中物联物流规划研究院“全面质量管理委员会”内部审核评审组副组长等职务。姜超峰会长多年从事现代仓储物流、供应链管理等领域的研究工作，尤其是长期致力于金融物流领域，将仓单质押业务延伸为金融物流业务，推进了企业从传统储运向现代物流企业的转变，解决了中小企业贷款难等问题。发表多篇物流研究文章，承担了科技部、国家发展和改革委员会、国务院国有资产监督管理委员会、工业和信息化部、商务部等部委多项重大课题研究，提出涉及物流企业分类、物流园区建设和宏观物流产业政策的多项创新性理论。

① 简介中的各位专家所任职务等相关信息，为演讲时的信息。

一、相关物流政策

2015 年，国家发布的物流政策中比较重要的有：国务院办公厅《关于推进线上线下互动加快商贸流通创新发展转型升级的意见》（国办发〔2015〕72 号），国家发展和改革委员会《关于开展现代物流创新发展城市试点工作的通知》（发改经贸〔2015〕2008 号），海关总署《加贸司关于加强跨境电子商务网购保税进口监管工作的函》（加贸函〔2015〕58 号），中国人民银行等十部门《关于促进互联网金融健康发展的指导意见》（银发〔2015〕221 号），国务院办公厅《关于运用大数据加强对市场主体服务和监管的若干意见》（国办发〔2015〕51 号），国务院《关于积极推进“互联网 +”行动的指导意见》（国发〔2015〕40 号）。这些政策对物流业的发展产生了极大的推动作用。

二、主要经济指标和形势判断

（一）中国主要经济指标

中国国家统计局通常用以下指标来分析我国经济增长。

用电量：2014 年单位 GDP（国内生产总值）用电量比 2010 年减少 5.4%。2015 年上半年，服务业增加值同比增长 8.4%，同比加快 0.5%；工业增长 6.0%，回落 1.2%。相应地，全社会用电量增长 1.3%，回落 4.0%。2011—2014 年，单位铜冶炼综合能耗下降 22.6%，吨水泥综合能耗下降 12.7%，原油加工单位综合能耗下降 3.0%，电厂火力发电标准煤耗下降 3.5%，吨钢综合能耗下降 6.4%，单位 GDP 能耗累计下降 13.1%。近年来，能源利用效率提高，单位 GDP 需要消耗的能源减少，在一定程度上导致用电量特别是工业用电增速放缓。初步测算，由于技术进步导致用电效率提升，2014 年全行业用电量比 2010 年下降 4.1%。

运输量：自 2012 年起，煤炭、钢铁等“黑货”货运量连续 3 年下降，其中，煤炭运量 3 年减少 7995 万吨，钢铁及有色金属减少 3114 万吨，金属矿石减少 2439 万吨。2015 年 1—8 月，“黑货”运量进一步下降 11.2%，降幅比去年同期扩大8.5%，导致铁路货运量下降9.8%。近几年，我国大力推动煤电就地转化、变“西煤东运”为“西电东输”，一定程度上也减少了煤炭运输量。2014年，煤炭货运量同比下降2.3%，影响铁路货运量下降1.2%。2015年1—8月，煤炭货运量下降11.4%，影响铁路货运量下降6.1%。2014年，轻工业产品在铁路货运量中占比约为13.6%，比2010年下降0.9%；铁路货运量占全部货运量的比重下降至8.7%，比2010年下降2.5%；公路货运量占比76.1%，上升0.65%。

所以，物流业和国民经济有十分紧密的联系，国民经济发展好，物流业发展好；经济下滑，物流业下滑。

（二）中国经济形势

1. 专家判断失误

2015年初，国外大宗商品专家认为中国经济发展前景好，对大宗商品的需求会保持在较高水平上，大宗商品的价格也会回升。这种判断影响了国外企业的采购、投资、并购、人员安排等。最终，中国的出口、制造业都会受到影响。

2. 投资计划落实缓慢

2015年6月，为推动我国经济增长，中央推出了11个产业包，以扩大产业投资，用投资拉动需求，需求拉动供给。11个产业包增加了带动资金、补贴资金、低息企业债投入，但因为投资的时滞性、企业自有资金不足、投资时机变化、地方政府缺配套资金、土地财政收入减少等，使得短时间内难以见效。

3. 银行惜贷给大宗商品

钢铁贸易商信誉扫地、铜铝价格透明、利润低、产业运转过度依赖银行贷款、坏账呆账增加、全行业欠款严重等现象使银行不愿意借贷给大宗商品企业，导致许多大贸易公司、大投行、银行退出大宗商品领域。

4. 商品交易所的转型

中国有3个期货交易所：上海期货交易所、大连期货交易所、郑州期货交易所。目前我国期货经营困难，人民币贬值让部分套期保值者亏损严重，商品交易所也在转型。

5. 券商进入大宗商品领域

银行不许混业经营，只能做金融业务，但证券公司可以做买卖商品和物流的业务。证券公司与传统贸易企业相比，它们信息全面、资金雄厚、团队结构优势明显。所以，大批券商进入大宗商品领域。

6. 贸易方式变化

目前，我国的贸易方式也在逐渐变化：减少赊欠；减少长期订单、增加短期订单；收窄客户群，不追求客户数量、追求质量；主动开发客户、维护客户；创新价值、吸引外商到中国投资。

7. 控制成本

控制成本的方法包括优化流程、细化科目、减员裁员等。

三、新常态

（一）经济新常态

目前，我国经济处于“三期叠加”的状态：增长速度换挡期、结构调整阵痛期、刺激政策消化期。

环境资源：石油、天然气资源不足；煤炭资源开采无序、浪费严重；铁矿、铜矿、铝矿、镍矿、木材、纸浆对外依存度大；空气和水资源污染加剧；土地资源红线不保；劳动力等要素成本上升；高投入、高消耗、偏重数量扩张的发展方式已经难以维持下去。总的来说，就是供大于求。

仓储业：我国仓储业的投资增速也在减慢，但其依然是行业里最快的，原因在于仓储业在现代物流中越来越重要。2013 年全国第三次经济普查显示，仓储业全国总资产 16878 亿元，比 2003 年增加了 14000 亿元。即十年内我国增加了 8 亿平方米库房，这些分布在城市周边的库房可以带动当地从业人员和高新技术的发展。

社会商品零售总额：近年来，我国社会商品零售总额增长率持续走低，原因在于居民收入增长慢，购买能力弱，反映出我国内需水平较低。

另外，我国固定资产投资增速放缓、进出口总额降低，都说明我国经济形势比较严峻。

（二） 体制改革新常态

我国行政体制改革依然任重道远。市场主导和政府指导的结合度还没找到；自由经济和计划经济还没磨合到位；虚拟经济和实体经济的轻重关系还没处理好；缺乏缩小贫富差距的办法。另外，社会新事物不断出现，但法律法规修订缓慢。“法无禁止皆可为”的前提是法规健全。

（三） 全面对外开放新常态

目前，我国整体处于产能过剩时期。我国的政策正致力于打破所有贸易壁垒，实现商品输出、资本输出、人口输出，快速融入世界经济。但在“走出去”的同时，我国大多企业还缺乏对国外政治、经济、文化、习俗的了解，全面对外开放依然任重道远。

（四） 大数据应用新常态

未来的时代将会是数据的时代，人们需要用真实的数据、精确的预测、科学的研判来把握新形势，包括宏观数据、行业数据、企业数据等。

四、物流企业管理

（一） 制造业与物流业深度融合

物流业可以参与制造业的采购和销售，开展集合采购、代理采购、定向销售、融资性贸易等业务。制造业和物流业融合后可以优化仓储、优化线路、优化方案、优化流程，并且适应客户、引导客户、互通信息、提升功能。

（二） 管理创新

管理创新包括管理体制的创新、管理信息的创新、供应商管理的创新、运输组织的创新等。管理体制方面包括看板管理、库存管理、巡回取货、即时配送、精益管理等；信息方面可以共享数据库；运输组织方面可以采取多式联运、甩挂运输。通过管理创新使物流更加专业化、综合化、全流程、网络化。

（三） 技术创新

技术创新可以实现产品信息、生产信息与物流信息的无障碍流动，提高效率。技术创新也将供应商选择物流商的模式变为制造商选择物流商的模式，选择标准是：物流企业的配送范围、配送要求、服务水准、车辆情况、物流设施、信息系统是否能满足企业产品种类、批次、包装、订单、集货、送货、收益、成本的要求等，同时保证安全性、时效性、准确性。

五、电子商务

电子商务改变了传统的交易方式，电子商务的特点包括6个：交易不受时空限制；缩短了交易环节；碎片化订单可以真实反映需求、降低风险；快速交易实现快速交付；为小企业提供销售市场；融资成本和交易成本低。

（一）电商服务模式

1. 信息服务

电商平台可以提供商情报告、形势分析、价格、供给需求、政策等信息，也可以为交易双方提供企业征信服务。另外，买方、卖方都可以在平台上发布信息。

2. 交易服务

电商可以为买卖双方提供交易撮合、挂牌、拍卖、竞价、网上招标、集合采购、现货销售、期货销售、循环销售、钢铁超市、钢铁商城、专场交易、订单交易、签约、电子合同认证、存档等服务。

3. 在线支付

电子商务平台与结算银行相连，为交易双方提供电子支付便利，同时也从而解决了货、款的安全问题。

4. 物流服务

交易完成后，平台可以充当物流商，完成货物的交付，提供仓储、监管、运输方案设计、加工、包装、配送等服务。

5. 咨询服务

电商可以提供准确的行业数据、调研报告、排名搜索、广告、建铺、推广、展会、培训、招聘、求职、法律保险服务等 。

6. 融资服务

融资服务常见的有仓单质押、存货质押、应收账款质押、订单质押。买方和卖方均可以用商品出质，以平台为中介，向银行申请融资。

7. 提供管理平台

小企业免费使用包括云计算平台在内的软件。

8. 单证服务

电商可以提供电子订单、电子合同、电子质保单、存货单、码单、提货单、电子发票、交易单、运单等服务。

（二）电商存在的问题

目前，我国的电商平台主要存在 3 个问题：一是以电子商务的名义搞集资；二是以服务免费的手法吸引滞留资金、无息资金；三是不以促进流通为目的，削弱了期货交易所的功能。另外，电商物流也存在 3 个问题：一是适用的电商仓储不足，托盘、叉车、装卸、选拣、识别、传输系统不配套；二是快运专线、航空、高铁运力不足，流量不对等；三是交付收派点不规范。

六、大数据

大数据可以促进供应链的发展，主要表现在以下 4 个方面。

（1）可用于准确判断需求方向和需求量。供应链上的企业之间存在着紧密的联系，终端消费量的变动，必然会引起上游各环节的变动，大数据可以帮助企业判断一系列变动的规律。

（2）可用于目标客户资信评估。在客户同意的情况下，贷款人利用大数据，可以对客户的财务数据、生产数据、电水消耗、工资水平、订单数量、现金流量、资产负债、投资偏好、成败比例、技术水平、研发投入、产品周期、安全库存、销售分配等进行分析，了解企业状况，提高评估和放贷速度。

（3）可用于风险分析、警示和控制。大数据的优势是进行行情分析和价格波动分析，并尽早提出预警。

（4）可用于精准金融和物流服务。利用大数据可以掌握贷款时间、规模、用途、流向，也可以进行仓储、运输、代采、集采、保兑、中介、担保一体化运营。

第三讲

国际空运供应链管理的现状

竹添进二郎（日本）

◆ 作者简介

竹添进二郎，1963年出生于日本长崎县佐世保市。1986年毕业于上智大学经济学部。同年，进入日本通运株式会社就职。现任日本通运株式会社东京航空支店国际货物部次长。先后在福冈航空支店国际货物课、日本通运总务部、比利时日本通运工作。历任福冈航空支店输出第一课主任、东京航空支店国际货物部输出开发第二课系长、英国日本通运株式会社航空货物部输出课长、日本桥航空支店输出第二课长、东京航空支店国际货物部开发第一课长、东京航空支店国际货物部市场课长、东京航空支店国际货物部次长、日通国际物流（中国）有限公司东亚地区航空货物部部长。

一、国际空运

（一）飞机的发展史

人类的飞行历史开始于1903年12月17日，莱特兄弟成功地飞行了36.6米，用时12秒。从那以后，飞机开始快速发展。1935年诞生了螺旋桨飞机，但货运的装载能力非常小，在4吨左右。之后诞生的喷气式飞机可以运输大型货物，航运成本也更低，航空货运作为一种开创性的运输方式也越来越受到瞩目。1973年，大型喷气式飞机出现，最大承载能力为100吨的货物专用机标志着大量运输时代的到来。

（二）空运和海运

空运（即航空运输）速度快、成本高、冲击少，适用于精密产品的运输。运输所需时间：亚洲、北美、欧洲平均 1 ~ 3 天，南美 3 ~ 7 天。海运连接全世界的港口，以较便宜的价格实现大批货物运输。运输所需时间：亚洲 1 ~ 2 周，北美 2 ~ 3 周，欧洲 4 ~ 6 周。货物的重量越大，空运和海运的运费差异越大。

空运的运载工具主要是客机和货机。客机是乘客坐在飞机的上层，下层可以用于运输货物，货物高度不能超过 160 厘米，总重约 30 吨。货机不搭载乘客，货物高度不超过 300 厘米，总重约 100 吨。海运的运载工具主要是集装箱船，集装箱船可以装载 3500 ~ 14000 个 TEU 的集装箱，一个集装箱可以装 25 吨左右的货物。

（三）ULD

ULD（Unit Load Device）是航空运输中用来装载货物的集装设备，可以是集装箱，也可以是集装板和集装网组合，ULD 一般分为托盘型和集装箱型两种。

ULD 的装载流程主要分为以下 6 步：装载准备、装载货物、防破损对策、包裹塑料薄膜及网绳、ULD 装载完成、出库。

（四）空运的主要货物

随着飞机的大型化和运费降低，除了部分原材料和矿石外，几乎所有货物都可以空运，根据航空货物的适宜性可分为 3 类：紧急必需品（零部件）、贵重物品（电脑、手机）、无法长时间运输的商品（鲜活食品）。

二、空运货运代理

货运代理简称货代，主要负责向航空公司订舱、向机场运输货物，为客户提供“门到门”的运输服务，而航空公司负责从机场到机场的运输业务。即，货代在航空公司和客户之间起到了桥梁的作用。

（一）货代提供的服务

客户的需求是多种多样的，货代公司可以根据客户的需求为其选择航空公司。另外，通过大量的揽货，货代可以提供更优惠的空运运费。

（二）混载

混载货物是指货代公司从多个不同客户手中揽货后，把目的地相同的货物集中在一起，货代公司作为承运人运输货物。航空公司的运费体制是货物的重量越大，单价就越便宜。因此，形成了“混载差异”，这也是货代公司的收入来源。

第四讲

互联网与物流业的转型升级

戴定一

◆ 作者简介①

戴定一，1984 年毕业于中国社会科学院研究生院数量经济专业，获得硕士学位，1988 年在美国商务部普查中心做访问学者。高级经济师、中国物流学会常务副会长、全国物流标准化技术委员会副主任、国务院特殊津贴专家。历任国家经济贸易委员会信息中心副处长、中国物资信息中心处长、中国物流信息中心主任、中国物流与采购联合会副会长、中国物流技术协会理事长等职。

戴定一多年从事市场信息系统建设和市场监测、分析、预测以及物流信息化、标准化等领域的研究工作，曾先后获部委级科技进步一、二等奖，国内贸易部有突出贡献的专家等称号。曾主持国家科技发展中长期规划中的物流科技规划，以及"十一五""十二五"期间物流标准化规划等工作。戴定一是我国物流信息化的主要推动者，是物流技术装备领域知名专家。

一、物流业转型的背景

（一）经济发展

目前，经济已经发展到了需求导向的时代。全世界产能过剩，供给已经

① 简介中的各位专家所任职务等相关信息，为演讲时的信息。

无法主导经济发展。而发展过程中，需求已经越来越趋于个性化、多元化和快速化。产品和服务到了体验经济的时期，而体验更是因人而异，需求也就变得非常复杂。

原来的生产方式是大规模制造，物质丰富、生产效率高、成本低，但这种生产方式对于差异化需求不再适应。此时，互联网技术的出现对于物流行业具有革命性的意义。

（二）互联网

互联网提供了 3 个“桥梁”来解决物流问题。

1. 互联互通的组织方式

物流的组织方式发生了变化，以前靠资本集聚物流资源、建立网络的方式已经逐渐被淘汰，更多的是加工、轻资产、互联互通的方式。不改变资产的所有权、管理权，而采取合作的方式建立网络，既节省成本，又灵活快速，容易适合需求的时代特征。新的资源整合方式主要包括 4 类。

（1）网络加盟。网络加盟主要分为两类：一类是水平加盟，指同类业务的小企业通过互联网聚集在一起；另一类是垂直加盟，指一家企业主营，末端网点加盟。

（2）企业平台化。许多企业将业务平台化，支持鼓励员工开拓个人微市场，允许员工在个人所管辖的范围内进行创新，企业提供物流服务、基础设施服务、资金服务、品牌服务等。

（3）合伙人模式。企业的合伙人模式、众筹模式也是一种新的组织方式。

（4）自由职业者。社会的自由职业者占比逐渐变高。许多企业出现员工在外兼职，甚至脱离企业自主创业的情况。所以，在多元化社会中，企业的弹性十分重要。

从资源整合的创新角度来看，互联互通的组织方式正在替代传统的以资本和权利构建的组织方式，使组织更具弹力、活性、创造性。

2. 创新的商业模式

互联网技术使得跨界创新成为可能，很多企业从传统的运输服务转向了供应链。物流企业的跨界主要包括两方面：进行“四流合一”的管理、整体优化。从实践来看，重点是在库存部分，而不是运输部分，大部分供应链的核心技术是库存管理。

3. 基于数据的智能技术

智能技术提高了运作效率，是应对多元化需求所必需的技术。而互联网带来了大数据，基于大数据的智能技术更能契合新时代的需求。

二、物流业务创新

在互联网环境下，物流业务创新主要包括两类：传统业务的升级、非传统业务的开拓。

（一）传统业务

互联网使企业从"效率/成本"模式转变到"成本/价值"模式。企业的传统业务追求降低成本、提高效率，即大规模运作。但随着社会需求的多元化，企业的业务要更加注重精准、安全、高响应性，利用有限的成本创造更高的价值，实现两者之间的平衡。

在具体业务方面，互联网可以整合碎片化资源，覆盖更大的范围。另外，许多企业开始通过大数据分析，针对不同客户的需求定制不同的业务，使传统业务创新升级。

（二）非传统业务

1. 供应链

许多物流企业开始向综合物流服务商转型，向供应链的上下游延伸业务。物流和供应链两个领域的差别主要体现在业务侧重点不同，物流企业侧重于作业层面，供应链企业侧重于管理层面。

2. 数据服务

在数据服务方面进行业务创新具有很大的前景。数据服务主要分为两类：内部服务、外部服务。对内，数据可以服务于风险控制、预测未来；对外，数据可以形成数据产品。

3. 跨界业务

物流金融是跨界业务中较成功的创新。物流金融的利润点不在物流产业，而在金融产业，它的价值在于风险控制。在经济结构中，高风险高利润的产业（商贸、金融、保险、租赁）是许多企业不愿意进入的领域，主要原因在于其业务流程的不可控，而物流可以跟踪流程，将商贸企业、金融企业、租赁企业、保险企业的流程风险降到最低。

三、智慧技术

（一）智慧技术的特点

智慧技术不仅解决效率问题，而且可以解决复杂、多变的决策问题。

智慧技术通常分为 3 个层面：智慧网络、智慧流程、智慧装备。智慧网络即网络资源的整合和管控优化，依靠 IT 将资源链接起来形成共享、互补的智慧工厂；智慧流程即智慧生产，在作业流程上进行分工与协同，在满足效率、差异化要求的同时也明晰责任；智慧装备是在操作层面的决策控制。

（二）已有的技术类型（作业层）

目前，技术装备已经从以效率为主转变到以弹性为主，即通过感知、判断进行决策。主要包括 3 个模块：快速多选分拣技术、多目标优化作业技术、动态控制优化技术。

（1）快递、电商的发展依赖于快速多选分拣技术，因为仅靠人工无法承担越来越多的业务量。快速多选分拣技术的核心技术是模糊识别，机器进行精准识别十分容易，但对有破损、有偏差的包裹信息进行模糊识别较难，这也是智慧物流的建设重点。

（2）多目标优化作业技术通常用于库存作业，如均衡货物的摆放位置、摆放原则等，同时兼顾安全、环保问题。因此，在复杂的库存管理过程中，多目标优化作业技术十分重要。

（3）动态控制优化技术实质就是机器代替人，其特点是流程不确定，边作业边进行信息采集、判断预测、优化控制等。

第五讲

互联网背景下供应链的思考

恽　绵

◆ 作者简介

恽绵，德利得物流总公司运营总监，中国物流学会副会长，中国物流与采购联合会常务理事、特约研究员，北京道路运输协会副会长，国际物流与运输学会注册会员，国家人事部及中国物流与采购联合会授予的全国物流行业劳动模范。

恽绵凭借多年系统的研究，获得多项省部级科学技术进步奖，并积累了大量的经验，具有较强的分析能力、诊断能力以及管理能力。特别是在我国第三方物流企业的发展战略与组织实施方面，提出了“以创新为核心的现代物流企业发展模式”以及“适合中国物流市场实际的物流服务管理体系”。在物流企业战略管理、现代物流企业管理、现代物流信息系统管理、企业经营策划，以及物流培训方面拥有丰富的工作经验。

一、“互联网 +”

每年的“双十一”都是消费者疯狂购物的节日，对于物流行业来说这不但是个挑战，也让人们逐渐意识到，互联网正在改变中国人的消费习惯。网购被人们广泛接受的很重要的原因，就是网购商品的结构更合理、品种更齐全、服务更周到，互联网可以满足不同需求的消费者。消费者生活习惯的改变导致供应链的改变，供应链之间的竞争也将变得更加激烈。

2015 年 3 月 5 日，李克强总理在政府工作报告中提出，“制定‘互联网 +’行动计划，推动移动互联网、云计算、大数据、物联网等与现代制造业结合，促进电子商务、工业互联网和互联网金融健康发展，引导互联网企业拓展国际市场。”这表明国家已经充分认识到了互联网发展带来的利好前景，以及未来国民经济发展对互联网的依赖性将会越来越大的必然性。互联网与其他各行各业特别是传统行业的结合，将会成为国家战略。

二、“互联网 + 物流”

过去，社会生态趋于平衡，企业的客户相对稳定，供应商关系也相对稳定。而网购的出现打破了原有的平衡，客户的需求逐渐多样化，物流业的理念和模式也在不断升级。

物流行业是一个传统行业，是现代服务业中不可缺少的一部分，但同时也是我国的行业短板。要想发展物流业，首先应规范行业行为、完善行业标准，同时也要构筑物流信息共享的体系，加快智能化配送的发展，发展冷链物流。最重要的是，在“互联网 +”的时代，物流不能仅仅成为配送的工具，物流业与金融业、制造业的多元融合，将成为“互联网 +”时代物流业发展的方向。

三、“互联网 + 供应链”

互联网背景下供应链的定义、核心没有变，而物流的特点变了。过去，企业注重物流技术创新，而未来企业的发展方向是物流系统创新。世界管理大师德鲁克认为，促进人类经济进步的不是单项创新而是系统创新。企业发展不能以单项的角度考虑，而要以系统的角度思考。

系统创新推动供应链快速发展。其中，日日顺公司面对市场需求大且个性化强的特点推出了柔性供应链，将初加工产品存储在各个物流节点，收到订单后再根据客户需求由物流节点进行再加工，使供应链能够又快又好地满足更多消费者的需求。

四、“互联网+供应链物流”

供应链物流 1.0 阶段是成本优化阶段，客户占主导地位，而企业重在为客户降低成本。供应链物流 2.0 阶段是物流一体化阶段，企业发展的重心是如何使供应链更加顺畅。供应链物流 3.0 阶段是服务供应链阶段，企业在互联网背景下为消费者提供个性化的服务。

供应链物流是为了顺利实现与经济活动有关的物流，它是指以货物移动为核心，协调供应领域的生产、销售领域的客户服务，以及运输领域的路径选择及仓储控制活动。更重要的是，它包括与合作伙伴之间的协调和协作，涉及供应商、中间商、第三方服务供应商和客户。传统供应链物流模式与互联网背景下的供应链物流模式不尽相同，互联网背景下的市场竞争模式由传统的产品竞争转变为供应链及生态系统的竞争，企业要降低对产品优势、生产优势和市场优势的关注，要更加注重培养内外协同合作能力、成员创新能力及沟通能力，在链接、共创、分享、共赢的模式下形成新的核心竞争力。

第六讲

从供应链管理到供应链金融

——供应链管理的演进

周利国

◆ 作者简介

周利国，中央财经大学商学院教授，经济学博士。曾入选“全国百名中青年商业经济学者”，是我国知名的商业管理专家。主要社会兼职：商务部特聘国内贸易专家，教育部留学基金委评审专家，全国高校商务管理研究会副会长，中国物流学会常务理事，全国高校贸易经济学教学研究会常务理事，中国管理模式杰出奖评审理事会、中国管理模式研究会“2008、2009、2010 中国管理模式案例首席调研专家”，北京市财政局绩效评估专家、中国商业经济学会特邀研究员等。

主要研究领域集中在商品流通理论与实务、营销管理、企业管理理论与实务、物流管理和物流金融（供应链金融）、国有企业治理。主要讲授《营销管理》《管理经济学》《物流学》《物流金融（供应链金融）》等本科课程和硕士研究生课程及 MBA 课程。主要科研成果包括：专著 5 部，主编著作 6 部，参编著作和教材 8 部，在《管理世界》等杂志和国际国内学术会议上发表了 60 余篇论文，主持和参与完成社科基金项目，国家自然科学项目，部委研究项目、省部级课题等 10 余项，多项成果获得省部级科研优秀成果奖。《是否要入驻地下广场》入选 2010 年首届“全国百篇优秀管理案例”。

一、供应链背景

（一）供应链的发展

供应链是围绕核心企业，从配套零件开始到制成中间产品及最终产品，最后由销售网络把产品送到消费者手中的一个由供应商、制造商、分销商直到最终用户所连成的整体功能网链结构。

大多传统企业的整个生产流程都在企业内部完成，这种沿产业链占据若干环节的业务布局叫作纵向一体化，但其局限性在于企业需要集中不同的技能和管理能力。随着市场竞争越发激烈，企业由纵向一体化变成分工合作，外部分工构成了企业供应链，供应链再向全球发散，形成全球供应链。

（二）全球供应链

全球供应链的发展主要有 3 个原因：外包、价格转移、避税。随着供应链的发展，大多企业把制造工厂放在其他国家，对于公司而言是内部贸易，对于国家而言是国际贸易。

二、供应链管理重心的延伸

（一）通过财务供应链管理降低产品成本

目前，企业反复运用成本分析流程法、作业成本法和目标成本法等成本控制工具，已无更大的空间缩减成本，而整合了资金流、信息流和物流的财务管理，却能进一步挖掘成本缩减的潜力。财务供应链管理的本质就是财务管理与供应链管理的整合。

财务供应链管理，是通过供应链上下游诸多企业的资金筹措和现金流的统筹安排，合理分配各个节点资金的流动性，从而实现整个供应链财务成本最小化的管理。其中，物流信息和资金信息可以从相关的财务供应链中获取，提高现金的使用透明度，从而降低现金管理的不稳定性，最终达到降低企业总成本的目的。财务供应链管理可以提高资金利用率，因此，对于企业来说，资金供应链比物资供应链更重要。

供应链上的核心企业进行财务供应链管理，其最重要的战略伙伴是以商业银行为代表的金融机构，最终获益的是核心企业本身。

（二） 供应链融资的市场需求

供应链金融的潜在市场巨大，根据联合包裹速递服务公司（UPS）的估计，全球市场中应收账款的存量约为13000亿美元，应付账款贴现和资产支持性贷款（包括存活融资）的市场潜力则分别达到1000亿美元和3400亿美元。截至2008年，全球最大的50家银行中，有46家向企业提供供应链融资服务，剩下的4家也在积极筹划开办该项业务。

买家（通常是核心企业）运用供应链金融可获得的益处包括降低采购的单位成本 、降低供应源的风险、减少供应中断 、延长对供应商的账期、增加应付账款平均支付天数。供应商运用供应链金融可获得的益处包括降低生产成本、降低应收账款回收天数、改善经营的连续型。对于买家和供应商的共同好处还包括获得低成本的贸易融资。

因此，供应链金融市场需求巨大的主要原因，是企业可以通过降低供应链的融资成本，达到降低产品成本、提高市场竞争力的目的。

三、银行的挑战及其转型

（一） 银行、 企业与供应链的关系

一方面，传统赊销使银行对客户供应链的运行参与机会减少，银行日益边缘化。另一方面，全球采购使得企业对流动资金和供应链效率的要求变高，企业向银行寻求财务供应链解决方案的需求增加。因此，银行参与供应链的方式从传统业务层面转变到供应链战略层面，成为企业的战略伙伴，对整条供应链提供服务方案。

企业整合财务供应链时，要以价值链管理思想和成本效益法为原则，首先，对整个财务供应链关键财务流程进行价值分析，消除无效和非增值服务作业；其次，根据具体情况可以采取以下3种途径对财务供应链进行全面整合，即重组关键财务流程、构建共享服务中心、业务流程外包。

（二） 供应链下游——渠道融资

供应链中的分销商进行的融资大多是高成本、低效率的，这使得供应链

中核心企业难以完成销售目标。因此，银行、核心企业和分销商合作研究增强分销商流动性的解决方案，这些解决方案通常被称为渠道融资方案。

常见的一种方案是核心企业延长分销商的账期，并要求银行在原账期的到期日贴现应收账款，该方式既能使分销商获益，也能使核心企业实现财务目标。另一种方案是提供网络平台，核心企业与分销商通过平台交换和处理交易单据及信息，并且允许核心企业设定分销商的信用额度。核心企业主导的解决方案将分销商与供应链紧密地联系在一起。

四、供应链金融

（一）供应链金融的概念

供应链金融是指在分析供应链内部交易结构的基础上，运用自偿性贸易融资的信贷模型，并引入核心企业、物流监管公司、资金流导引工具等风险控制变量，对供应链的不同节点提供封闭的授信支持以及其他结算、理财等综合金融服务。此处是广义的供应链，既包括上游的原材料供应网络，即传统意义上的供应链，也包括下游的分销商、代理商，即渠道链。

供应链金融最重要的特点是在供应链中确定核心企业，以核心企业为中心，为供应链提供金融支持。一方面，将资金注入相对较弱的上下游中小企业，解决中小企业融资难和供应链失衡的问题；另一方面，将银行信用融入上下游企业的收购与销售行为中，增强其商业信用，促进中小企业与核心企业建立长期战略协同关系，提高供应链竞争能力。

（二）供应链金融的构成

从供应链金融体系中的参与主体来看，供应链金融包括：资金的需求主体，即供应链上的节点企业；资金的供给及支付结算服务的提供主体，即以商业银行为代表的金融机构；供应链金融业务的支持型机构，包括物流监管公司、仓储公司、担保物权登记机构、保险公司等；监管机构，主要指各级银监部门。

从供应链金融制度环境来看，供应链金融包括：相关法律法规，如动产担保物权的范围规定、设定程序、受偿的优先顺序、物权实现等，以及监管部门的业务监管相关制度；技术环境，主要包括与产品设计相关的金融技术和信息技术。

以上要素结合在一起，组成了一个完整的供应链金融体系。

供应链金融主要有3点优势。

（1）提供企业融资新渠道。为中小企业融资“难”提供解决方案。

（2）拓展银行业务新渠道。拓展了稳定高端客户的新渠道，核心企业被“绑定”在提供服务的银行。

（3）实现“多流合一”。实现了“物流”“商流”“资金流”“信息流”多流合一。

五、总　结

由于信息技术与流通成本的降低，供应链正在取代“纵向一体化”，成为国际上产业组织主流模式，而供应链上各个企业的物流、信息流、资金流的管理变得更加复杂，供应链管理将成为提升市场竞争力的关键因素。

供应链金融以协调供应链资金流、降低财务成本为目标提供系统性方案，将核心企业的良好信用延伸到供应链的上下游企业，降低供应链金融整体融资成本，缓解中小企业融资压力，提升竞争力。

第七讲

物流业要从供需两端发力

丁俊发

◆ 作者简介

丁俊发，1964 年毕业于中国人民大学，后留学、工作于法国，1967 年回国。国务院特殊津贴专家、我国著名流通经济专家、多所大学客座教授。历任机械工业部办公厅副主任，合肥工业大学副校长，物资部办公厅主任，国内贸易部党组成员、总经济师，国家国内贸易局党组成员、副局长，中国物流与采购联合会副会长、中国物流学会常务副会长等职。现任中国物流与采购联合会首席顾问、中国物流学会首席顾问、中国市场学会副会长、中国海事仲裁委副主任、中国国际贸易促进委会员物流行业分会会长等职。

丁俊发先生长年从事供应链、流通经济学、现代物流学研究。主编或独著20 多本著作，两次获部级科技进步一等奖，一次国家图书奖。2000 年被《中国市场》杂志评为影响中国市场的 25 位经济学家之一；2002 年被“中国物流媒体联盟”评为“2001 年度中国十大物流风云人物”；2007 年被“韩国物流学会”授予“国际物流贡献奖”；2008 年被“中国物流与采购联合会”授予“中国物流改革开放 30 年突出贡献人物”荣誉称号。

2015 年 11 月 10 日，习近平总书记在中央财经领导小组会议上提出：在适度扩大总需求的同时，着力加强供给侧结构性改革。2015 年 11 月 17 日，李克强总理在主持召开“十三五”规划纲要编制工作会议时表示，要在供给侧和需求侧两端发力，促进产业迈向中高端。

一、中国消费市场

21 世纪初，消费需求是拉动中国经济发展的第一动力，之后由于金融危机的影响，中国加大了投资力度，投资成为第一拉动力。现在，中国是仅次于美国的世界第二大经济体，消费需求与投资需求都很大。

目前，中国消费市场主要有两种消费：有效消费、无效消费。有效消费是人们能够而只愿意支付这样一种价格来购买产品的消费，这种价格会引起产品的继续供给而利润不致降低。无效消费是一种反科学的、反文明的消费，它的本质是无限度、无节制的享乐主义，以最大的奢侈愿望去占有、消耗社会创造的物质资财和精神产品，一切消费行为都以追求身体感官的刺激为目的，包括侵犯人权的人身奴役在内。

二、消费市场的供需问题

消费市场的供需问题主要有两点：产能过剩、供不应求。产能过剩主要是由于经济危机导致，虽然中国采取增加投资额、加强政府管理力度、扶持重工业发展等一系列办法，但依然存在产品市场价格低迷等问题。所以，中国现在通过“一带一路”倡议，可以将中国的过剩资源出口到国外。供不应求是指形成买方市场，从而对消费者心理产生影响。国际贸易不断发展，从事跨境电商的企业不断增加，但是物流供给的发展速度稍显落后，从而导致医疗、教育、文化等方面供不应求。

中国政府采取了许多措施来促进消费，取得了一定的成效，但很明显，有效需求不足。社会消费品零售总额 2001—2014 年年均增长 14.9%，2014 年只有 12%；生产资料销售总额 2001—2014 年年均增长 14.76%，2014 年只有 8.8%；基本建设投资 2001—2014 年年均增长 22.4%，2014 年只有 14.9%，这使得实体经济很难发展。在某种意义上，有效需求不足反映出供给的问题：一方面，由于金融危机后过度扩张，造成部分产业产能过剩；另一方面，需求特别是居民的个性化需求（商品与服务）在变，但由于有效供给不足，使得供给适应不了需求结构的变化。

三、物流业的发展

（一）供需平衡

物流业是服务业，主要是生产性服务业，也是生活性服务业。在物流的需求与供给两端，市场经济要求总量基本平衡，但在实际运作中，有 3 个阶段：第一阶段是需求短缺阶段。由于中国企业在计划经济下习惯于“大而全”“小而全”，物流外包比例很小，使物流企业难以发挥作用。第二阶段是有效需求与有效供给“双不足”阶段。第三阶段是物流供给结构性矛盾阶段。现在，物流外包比例在上升，物流服务个性化要求在增长，物流专业化、标准化、智能化在推进，但物流业本身不能根据市场需求提供有效供给。比如制造业精益物流、电商物流、城市共同配送、冷链物流、农产品物流、危化品物流、特种运输、医药物流、应急物流等。

2013 年，中国制造业与流通业的物流费用率为 8.4%（制造业 9.1%，流通业 7.8%），而发达国家一般不超过 5%。近 10 年，中国物流总费用与 GDP 的比率一直高于 16%，而发达国家一般控制在 8% ~ 10%。中国是全球第二大经济体，但 2014 年，中国全球供应链绩效指数排在 28 位。以上说明中国物流的供给结构、供给质量、供给效率都存在许多问题。

物流的供需平衡是物流业快速发展的必要条件。物流的供给与需求之间相互制约和促进，两者从不平衡到平衡再到不平衡的螺旋发展模式，推动了经济发展。

（二）协同供应链

企业需要全面、迅速、准确地了解消费者的需求，并对自身经营活动进行计划、组织、协调、控制和优化，才能适应并逐渐改善物流业发展的不平衡。由于供应链之间存在竞争，就必然会出现供需不平衡现象。在供应链系统中，要提高资源整合效率，就必须依赖于有效的供应链协同平台，实现供应链的一体化和快速反应，达到商流、物流、资金流和信息流的协调通畅、协同运作的目的。

第八讲

我国物流业发展现状及趋势

陈丽华

◆ 作者简介

陈丽华教授，现任北京大学光华管理学院管理科学与信息系统系主任、博士生导师，于香港城市大学获得管理科学专业博士学位，于中国科学院数学与系统科学研究院攻读博士后。北京大学流通经济与管理研究中心主任，北京大学国家高新技术产业开发区发展战略研究院副院长，北京大学联泰供应链系统研究发展中心主任，北京大学二十一世纪创业与投资研究中心副主任。

陈丽华教授，主要从事管理科学、供应链与物流管理、流通经济与管理、服务运作管理、高新技术园区与产业管理、科技创新与管理、创业投资与创业管理等领域的研究工作和相关的教学工作，并与国际相关领域进行了广泛的合作与交流，其中包括 Stanford University, George Mason University, Roma University, Bergamo University, Singapore National University, Menlo Business College 和中国香港各大学。作为负责人或研究骨干主持参加了多项国际合作项目和国家自然科学基金、省部委等重点研发项目。

一、物流业发展现状

随着物流业所面临的外部环境和内部环境的不断变化，传统物流正在向现代物流转变。中国对物流、供应链的研究应该以中国的发展现状、特征为出发点进行研究。

（一） 外部环境

1. 竞争全球化

现在，企业间的竞争是全球化的。中国的物流企业和外国的物流企业在订单完成率、投资回报率、资金周转率、产品品种、管理、技术等方面都存在很大的差距。

2. 技术变革

互联网的出现给物流业带来了很大的变革。互联网有 3 大定律：摩尔定律、梅特卡夫定律、突变定律。

摩尔定律指的是当价格不变时，集成电路上可容纳的元器件的数目，约每隔 18 ~ 24 个月便会增加 1 倍，性能也将提升 1 倍。换言之，每 1 美元所能买到的电脑性能，将每隔 18 ~ 24 个月翻 1 倍以上。这一定律揭示了信息技术进步的速度。阿里巴巴创始人马云曾提出：IT（互联网技术）、DT（数据处理技术）和 MT（模具技术）支撑了全球化的业务运作。

梅特卡夫定律是指网络价值以用户数量的平方的速度增长。网络使用者越多，价值就越大。

突变定律是指技术以几何级数增长，而政治一般是线性变化，在两者同时发展时会有突变的过程。

（二） 内部环境

外部环境的变化通常会引起内部环境的变化。随着外部环境的变化，企业之间的竞争逐渐变为供应链之间的竞争；企业的销售运作由推动式生产变为拉动式生产；制造业由只负责生产变为和链条上的各企业共同服务客户；企业由经营全部业务变为开始选择外包。外部环境的变化驱使产业组织模式更趋向于供应链合同的发展模式。

（三） 物流市场

物流业外部和内部的变化最终导致了物流市场的变化：物流市场结构由本地发展变为全球发展；消费者需求日趋个性化；成本和送货时间之间开始

产生博弈；产品由批量生产变为大规模定制生产，由刚性变为柔性。

二、 物流业发展趋势

（一） 供应链发展

传统模式的企业经营难以适应快速变化的市场，而政府主导的一体化经营容易产生垄断，所以，中国企业的现代化经营逐渐向供应链的合作模式发展，该模式不但可以规避风险，而且可以更好地适应复杂的市场。

当企业之间的竞争逐渐变为供应链之间的竞争时，供应链的稳定性就变得十分重要。而美国的大多数供应链相较于中国供应链更容易出现“断链”现象，因为美国的供应链单个节点一般只有两三个企业，而中国的供应链单个节点一般有上千个企业，单个节点的企业之间是竞争关系，这使得中国企业具有更强的创新能力。

批发商和零售商是供应链非常重要的中间环节。1996 年，沃尔玛公司进入中国后，改变了我国产品的流通方式，导致我国许多小型批发商和零售商破产。现在，电子商务的兴起再次引起了流通变革，第三方采购变成电子化采购，减少了供应链的中间环节，进而引起物流的变化。

（二） 规模化发展

在全球，中国的经济规模排名第 12、对外贸易规模排名第 3、能源消费规模排名第 9、基础设施排名第 10、物流规模排名第 4。中国物流业的发展良好，但是存在许多问题：企业“小、散、弱”，供应链管理水平低，资源整合能力弱，信息化程度低等。解决这些问题的关键不在于降低成本，而在于优化模式、规模化发展，进而整合需求资源、节约成本、产生利润。

未来，物流业将会向着规模化和技术化的方向发展，技术的发展将为物流业带来颠覆性的变革，进而推动和带动经济的发展。

第九讲

中国制造业和物流业升级方向

魏际刚

◆ 作者简介

魏际刚，国务院发展研究中心产业经济研究部研究员、博士生导师。1974 年生于浙江，2002 年获北京交通大学经济学博士，2002 年 4 月—2004 年 5 月在清华大学公共管理学院从事博士后研究。2004 年进入国务院发展研究中心，2010 年任国务院发展研究中心研究员。同时兼任中国物流学会副会长、中国电子商务物流企业联盟副会长、国务院城镇居民基本医疗保险试点评估专家组成员、北京交通大学兼职教授和博士生导师、北京物资学院兼职教授、北京燕京理工学院特聘教授等。

近年，出版了《运输业发展中制度因素》《物流经济分析》《中国医药体制改革与发展》《物流战略》等专著，参与了国务院和有关部委多项重要文件的起草。2007 年、2009 年分别获得中国发展研究奖一等奖，2014 年，获得中国电子商务物流突出贡献人物。

制造业是物流业发展的一个重要方向，从全局的高度研究物流业，可以更好地了解国民经济。要准确判断中国制造业和物流业的未来发展，要做到以下 4 点：把握时政、具有战略思维、结合国情、了解行业规律及发展情况。

一、中国制造业和物流业升级的背景

（一）战略背景

经济社会重大转型；政治军事格局调整；财富产业重心转移；文化文明碰撞交融。

（二）“三大浪潮”

产业的发展必须把握“三大浪潮”：工业化浪潮、信息化浪潮和全球化浪潮。目前，中国的工业化正处于后期；信息化的代表是产业互联网；全球化由被动全球化转向主动全球化。

（三）“三个世界”

世界是平的。全球化促进全球贸易与增长，全球贸易与增长推进全球连接与流动，全球连接与流动又推动全球化，世界相互依赖、相互连接。

世界是快的。未来的成功不属于最强大的企业，而是反应最快的企业，能根据形势的变化迅速做出反应。

世界是新的。世界在快速变化，企业必须推陈出新，否则将被淘汰。

（四）新科技和新产业革命

新科技和新产业革命将影响各行各业，包括生产革命、流通革命、消费革命、能源革命、金融革命、物流革命、交通革命、健康革命等。

二、中国制造业与物流业升级方向

（一）德国工业 4.0 核心

德国制造象征着高品质，德国工业 4.0 实现了智能工厂，生产、运输、仓储、装卸搬运、流通加工、配送、废弃物流回收等各个环节均实现智能化、数字化。

（二）智能服务世界

目前，实体物流服务在“线上”有很高的效率，但依然要重视“线上”和“线下”的结合，即智能服务，将数字服务与实际服务相结合，数字服务所依托的数字基础设施包括互联网、物联网、云计算、大数据、App 等。

（三）工业互联网

工业互联网可应用于多个领域，包括航空、电力、医疗、铁路、石油、天然气等领域。

（四）全球制造与全球供应链

全球化导致全球制造和全球供应链。其中，中国南方航空就需要提前两年提交飞机订单，之后进行全球性采购。

（五）数字化制造

数字化制造是制造业非常重要的发展方向，包括产品数字化、设计数字化、制造数字化、消费数字化、服务数字化、信息数字化、知识数字化等。数字化的优势之一是计算机可以模拟飞机的功能和性能。

（六）智能化制造

智能化是数字化的更高层次，智能化可以进行决策和优化。制造业智能化是制造技术、计算机技术、网络技术与管理科学的交叉、融和、发展与应用的结果，也是制造企业、制造系统与生产过程、生产系统不断实现数字化的必然趋势。谷歌眼镜、微软眼镜、Pebble 智能手表以及美国的在线医疗服务都是智能化制造的体现。其中，美国的在线医疗服务可以通过可穿戴医疗设备对个人健康及相关指标进行监控。

（七）汽车制造

汽车产业也在发生变化，消费者的观念从“人手一辆车”转变到“共享汽车”，汽车制造业将“汽车租赁”转变为“一种服务的流动性和娱乐性”，这将更加适应共享经济的发展。

（八）平台化制造

平台可以整合碎片化的需求和供给，将供需对接，进行高效率运行。其中，“互联网 +”将商流、物流、信息流、资金流等连接起来，未来可以实现机器和人、机器和机器、机器和服务之间的对话。

（九）文化、艺术和制造相结合

日本的产品大多是产业和文化相结合、产品和艺术相结合，产品高度精细化。

（十）制造服务化

产品的生产性服务链包括上游、中游和下游，其中，上游包括研发设计、市场预测、采购、进货物流；中游包括质量控制、制造、财务金融、法律保险、人力制造；下游包括营销、出货物流、销售。而贯穿这 3 个阶段的生产性服务是产品差异和增值的主要来源，即“产业的中间人”。

（十一）对人才、技术、数据和知识的竞争增加

1. 美国国家创新战略

1840 年，美国成为创新型国家；1897 年，美国成为世界第一创新大国；1946 年，美国成为世界第一创新强国；2010 年，奥巴马指出美国实现繁荣的关键是开发新产品、创造新产业以及保持美国作为科学发明和技术创新的世界引擎，而不是通过少付工人工资、制造廉价劣质产品的方式去竞争。

2. 英国技术与创新未来项目

英国在引领未来方面有 3 点优势：英语是世界通用语言、英国有世界一流高校和科研水平、英国有世界一流的制度。未来，英国经济 7 个潜在的增长领域是未来制造业、智能基础设施、第二次互联网革命、能源转型、低碳型新材料、再生医学、知识产权。

3. 印度制造

1990 年，印度开始实行市场经济。现在，印度正在努力发展为制造业强国，通过改革开放来招商引资，利用劳动力成本优势来发展制造业。

三、中国产业现状及发展方向

（一）中国产业现状

中国是制造大国。进入 21 世纪以来，中国的工业生产突飞猛进，在 22 个工业大类中，中国制造业占世界比重在 7 个大类中名列第一；在世界 500

种主要工业品中，有 220 项产品产量居全球第一。同时，中国也是物流大国，但不是物流强国。中国规模以上港口货物吞吐量、铁路货运量、公路货运量、快递量、内河航道里程、高速公路和高铁里程等均位居世界前列，但航空物流面临较大挑战、冷链物流发展落后于发达国家。

（二） 全方位开放

中国将推进全方位开放，与更多国家签署双边自由贸易协定；以服务业领域开放为突破口，实施更高标准的自由贸易园区战略；推进“一路一带”倡议，以扩大开放促进国内改革。到 2030 年，中国将成为全球贸易中心。

（三） 中长期发展目标

中国产业中长期发展的战略目标是“强、绿、联、智、特”。

工业方面：2020 年转变增长方式；2025 年部分工业全球领先；2030 年中国成为工业强国。

新兴产业方面：2015 年，GDP 增长 8%；2020 年，GDP 增长 15%；2030 年，中国整体创新能力和产业发展水平达到世界先进水平。

服务业方面：2015 年，GDP 增长 50%；2020 年，GDP 增长 60%；2030 年，中国成为服务业强国。

农业方面：2020 年，土地产出率、人均产出率有较大提升；2030 年，中国初步实现农业现代化。

（四） 七大转变

中国产业发展方式要实现七大转变。

（1）大量投入初级要素转变为大量投入知识、信息、技术、管理、人力资源。

（2）“规模扩张、技术跟随”转变为“质量效益、创新引领”。

（3）地区和行业价值链转变为全球价值链、供应链、产业链。

（4）传统生产方式转变为数字化、网络化、智能化、个性化生产方式。

（5）资源能源浪费和环境破坏转变为资源能源节约、环境友好。

（6）低附加值、低生产率转变为高附加值、高生产率。

（7）“单一、自我和竞争”转变为“协作、联合、联动、开放、包容”。

（五）五大战略

1. 需求导向

中国产业的发展要以需求为导向、市场为核心，体系、结构、布局要紧紧围绕需求。

2. 创新驱动

创新驱动由重在生产、购买、分销转为重在设计、研发、服务。目前，中国大力发展的新兴产业有高端装备、新能源、新材料、生物、健康等。

3. 协调发展

目前，国内各个产业、行业和企业发展不平衡，需要相互合作、协调发展。

4. 灵活变化

在促进协调发展的同时注重灵活多变，产业的发展要因地制宜、符合发展规律。

5. 植根世界

中国产业的发展要紧紧融于世界的生产网络、流通网络、资源网络、信息网络。2030 年，中国或将成为世界第一大经济体，和亚洲共同成长，和世界共同发展。

第三篇

2016年春季学期 物流名家讲堂

III

第一讲

“供给侧结构性改革”

——物流发展新动力

崔介何

◆ 作者简介

崔介何，北京物资学院二级教授，首届北京市高等学校教学名师，中国物流学会常务理事，中国物流与采购联合会企业综合评估委员会委员，国家教委物流专业教学指导委员会创办人之一，第1届教学指导委员会委员，2011年评为北京市高等教育精品教材立项学科评审专家，5A企业认证评审专家。

崔介何一直致力于物流理论与实践的研究，主要代表著作有《物流概论》《物流学》《企业物流》《物流学概论》《电子商务与物流》《北京物流蓝皮书》《现代物流管理教程》等。崔介何教授曾获中共北京市委、北京市政府颁发的第九届哲学社会科学优秀成果二等奖、北京市哲学社会科学“十五”规划优秀奖、国家国民经济动员办公室优秀论文奖、中国物流学会优秀论文奖、宝供物流促进奖，北京市高等教育教学成果奖等。《物流学》和《物流学概论》两部教材被教育部指定为普通高等教育“十一五”国家级规划教材；作者主讲的物流学概论课程被北京市教育委员会评为北京市精品课程。

“供给侧结构性改革”是我国物流发展的新动力。2015年11月10日，习近平总书记在中央财经领导小组第十一次会议上讲话，首次提出“供给侧结构性改革”。“供给侧结构性改革”就是用增量改革促存量调整，在增加投资过程中优化投资结构、产业结构开源疏流，在经济可持续高速增长的基础上实现经济可持续发展与人民生活水平不断提高；优化产权结构，国进民进、政府宏观调控与民间活力相互促进；优化投融资结构，促进资源整合，实现资源优化配置与优化再生；优化产业结构、提高产业质量，优化产品结构、提升产品质量；优化分配结构，实现公平分配，使消费成为生产力；优化流通结构，节省交易成本，提高有效经济总量；优化消费结构，实现消费品不断升级，不断提高人民生活品质，实现创新、协调、绿色、开放、共享的发展。

一、“供给侧结构性改革”的五大方向

（1）“供给侧结构性改革”情况要明确。明确情况主要是指在改革的时候要明确现状、过程中可能会出现什么问题。

（2）“供给侧结构性改革”目的要明确。

（3）“供给侧结构性改革”任务要明确。

（4）“供给侧结构性改革”责任要落实。落实每一项改革的内容、时间，做到“可监督、可检查、可问责”。

（5）“供给侧结构性改革”措施要有力。要清楚如何实施改革，政策是否符合现实情况、是否具有可操作性。

二、“供给侧结构性改革” 实施的原因

“供给侧结构性改革”是“问题导向”的改革。目前，中国部分产业的成本高于中等收入国家，甚至高于高收入国家，但是，收入却和高收入国家有较大差距，出现“未富先贵”的现象，导致我国产能严重过剩。一方面，出现钢材、石油比水便宜的现象；另一方面，企业的产品卖不出去，使企业成本进一步提高，导致企业盈利能力下降。

2008 年出现全球性金融危机，为应对此次危机，我国政府向钢铁行业、煤炭行业、玻璃水泥行业、造船光伏行业、太阳能行业 5 个行业投入了 40000 亿元人民币，以刺激经济发展。

三、国外的“供给侧结构性改革”

全球各大国家均出现过产能过剩的情况，也均有相应的措施。

（一）美国

20 世纪 80 年代，在经济危机时，美国的钢铁行业出现了产能过剩的问题，美国采取了 3 个有效的措施。

（1）通过市场资源配置，使企业兼并重组，提高行业集中度。

（2）提高管理效率，精简机构，降低成本。

（3）环保转型，采用最新的工艺流程以降低污染，淘汰落后产能。

（二）日本

20 世纪 90 年代，日本的水泥行业出现了产能过剩的问题，水泥产量达到 8628 万吨。日本政府主要采取 2 个有效措施：依托市场竞争，淘汰过剩产能；水泥行业转型，向环保方向发展，通过焚烧垃圾提供水泥生产能源。

（三）欧盟

20 世纪 90 年代，欧盟的钢铁行业出现了产能过剩的问题。欧盟采用的是“整合 + 重组”的解决方式。在这个过程中，形成了卢森堡阿尔贝德钢铁集团、法国于齐诺尔钢铁集团、英荷康力斯集团、德国蒂森克虏伯集团、意大利里瓦集团、英国 LNM 钢铁集团等。大型钢铁集团的成立，既整合了钢铁生产，降低了钢铁产量，提升了企业效率，又增加了欧盟钢铁企业的国际竞争力。

四、中国“供给侧结构性改革”的战略方针

党的十九大报告明确要求，坚持去产能、去库存、去杠杆、降成本、补短板，优化存量资源配置，扩大优质增量供给，实现供需动态平衡。这是供给侧结构性改革的主要途径。未来，供给侧改革将在两个方面影响经济结构。

（1）从生产角度看，供给侧改革将导致第三产业的占比上升。欧美等发达国家的第三产业占比为 75% 左右，而我国第三产业的占比为 50% 左右，供给侧改革将使第二产业的占比下降，尤其是产业中的制造业部分，同时促进

新兴产业的占比。

(2）从收入角度看，随着人民生活水平的提高，供给侧改革将引发经济的重新分配，导致生产税净额占比下降，加速折旧和产能去化，将导致固定资产折旧占比短期上升、长期趋降；降低成本和产能去化，将导致企业营业盈余占比上升；加速劳动力跨地域、跨部门流转以及提高人力资本，将导致劳动者报酬上升。

五、供给侧结构性改革与物流的联系

总体而言，我国物流产业比较落后。2013 年，中国制造业与流通业的物流费用率为 8.4%（制造业 9.1%，流通业 7.8%），而一些发达国家的物流费用率只有 5%。这反映出我国供给结构、供给质量、供给效率都存在问题。

马克思主义经济学把社会的再生产过程分为 4 个阶段：生产、交换、分配、消费。物流属于“交换”阶段，将生产与消费连接起来。在供给侧改革中，物流是非常重要的组成部分，物流业也要抓住供给侧改革带来的发展机遇。

物流业改革主要是物流业的创新。物流业的创新对物流产业的服务能力、资源的优化整合、降本增效具有重要意义。供给侧结构性改革给物流企业的创新发展带来了新的机遇，物流企业要加快资源的合理流动、提升管理水平、创新发展模式。

第二讲

在线供应链金融和电商平台

姜超峰

◆ 作者简介①

姜超峰，1982年毕业于复旦大学经济系，获学士学位。高级经济师，北京交通大学客座教授，国务院特殊津贴专家，我国著名仓储物流学专家。历任中国物资储运总公司常务副总经理、中储发展股份有限公司副董事长、中储发展股份有限公司监事会主席。现任中国物资储运协会名誉会长，中国物流学会副会长、全国物流标准化委员会委员、中国海事仲裁委员会物流仲裁员、物流企业等级评审委员、国际道路运输联盟（IRU）中国事务组成员、北京中物联物流规划研究院技术指导专家、北京中物联物流规划研究院"全面质量管理委员会"内部审核评审组副组长等职务。姜超峰会长多年从事现代仓储物流、供应链管理等领域的研究工作，尤其是长期致力于金融物流领域，将仓单质押业务延伸为金融物流业务，推进了企业从传统储运向现代物流企业的转变，解决了中小企业贷款难等问题。发表多篇物流研究文章，承担了科技部、国家发展和改革委员会、国务院国有资产监督管理委员会、工业和信息化部、商务部等部委多项重大课题研究，提出涉及物流企业分类、物流园区建设和宏观物流产业政策的多项创新性理论。

① 简介中的各位专家所任职务等相关信息，为演讲时的信息。

一、供应链金融和在线供应链金融

（一）供应链金融

供应链金融是指运用供应链管理的理念和方法，为相互关联的企业提供金融服务的活动。基本模式是以核心企业的上下游企业为服务对象，以真实的交易为前提，在采购、生产、销售各环节提供金融服务。不同的金融企业给自己的服务赋予不同的产品名称，但不改变供应链金融的本质。

（二）供应链金融的发展

任何的融资都需要担保。担保可以分为人的担保与物的担保。人的担保是指债务人之外的第三人以信用作为保证，承诺实现债务；物的担保是指债务人或第三人，以特定财产权作为履行债务的保证。其中，物的担保又分为质押和抵押。抵押不转移对抵押物的占管形态，仍由抵押人负责抵押物的保管；质押改变了质押物的占管形态，由质权人负责对质押物进行保管。

1. 仓单质押融资

仓单质押融资是指企业将其拥有完全所有权的货物存放在银行指定仓储公司，并以仓储公司出具的仓单作为融资担保在银行进行质押，银行依据质押仓单向企业提供的用于经营与仓单货物同类商品的专项贸易的短期融资业务。仓单就是提货权，用提货权进行融资。但企业在提货、销售、生产的过程中，一批货物只能开具一张仓单，并且仓单开具比较麻烦，此时更适合进行动产质押融资。

2. 动产质押融资

动产质押融资是指企业将动产存放在银行指定或认可的仓库作为质押物，质押物在银行监控下流动，据此向银行申请贷款的融资方式。该方式使企业的生产更加便捷。

3. 抵押融资

抵押融资，即不转移占有权的货押融资，需进行抵押登记。可分为动产抵押融资和不动产抵押融资。

4. 贸易融资

贸易融资是指在商品交易中，银行运用结构性短期融资工具，基于商品交易中的存货、预付款、应收账款等资产的融资。其中，应收账款是指企业在正常的经营过程中因销售商品、产品、提供劳务等业务，应向购买单位收取的款项，是企业的一项债权。此时，若企业为尽快收回钱而将应收账款卖给银行，就变成了银行的一项债权，而银行为降低风险，一般只支付应收账款的70%。

5. 结构性融资

结构性融资是指企业通过利用特定目的实体，将拥有未来现金流的特定资产剥离开来，并以该特定资产为标的进行融资。其中，银团贷款是由获准经营贷款业务的一家或数家银行牵头，多家银行与非银行金融机构参加而组成的银行集团采用同一贷款协议，按商定的期限和条件向同一借款人提供融资的贷款方式。银团贷款市场的使用者是在银行贷款市场寻求大额融资的借款者。

6. 贸易金融

贸易金融是银行在贸易双方债权债务关系的基础上，为国内或跨国的商品和服务贸易提供的贯穿贸易活动整个价值链的全面金融服务。它包括贸易结算、贸易融资等基础服务，以及信用担保、保值避险、财务管理等增值服务。

7. 融资性贸易

融资性贸易是指大宗商品结构性贸易融资，即商业银行以整个贸易流程作为融资对象，综合运用各种信用工具和担保工具，为大宗商品贸易商或生产企业提供个性化的组合贸易融资方案。通常针对的是小型企业在进行大宗商品贸易时资金不足的情况，银行为其委托国有企业或者大型企业进行采买，实质上是“代理”采购，“代理”销售。

8. 金融物流

金融物流是一种创新型的第三方物流服务产品，其为金融机构、供应链企业，以及第三方物流企业之间的紧密合作，提供了良好的平台，使得所有合作能达到“共赢”的效果。是一种“多点”“多仓”“多客户”“多模式”的抵质押融资。

9. 深圳式供应链金融

深圳式供应链金融是把商贸、物流、金融融合在一起的业务模式，可以分为两类：第一类是订货模式，即企业通过研究市场需求，发现或设计某种产品，委托加工企业进行加工，最后收购产成品并销售。金融和物流贯穿始终，用融资启动项目，以物流控货保证安全。该类企业没有厂房和物流业务，仅通过研究市场需求来带动整个供应链，最大的风险是市场需求判断是否准确。第二类是代理模式。由外贸代理业务演变而来，贸易代理公司为中小制造企业提供供应链融资方案设计、融资代理、贸易货代通关、物流方案规划、海关两检代理、融资、办税（退税）、结算、结汇、保险、仓储、运输、配送、加工、包装、市场营销拓展等服务。其收费方式为打包收费，即某些服务免费，而对集中物流（租船订舱等大批量运输）收取较低费用。

（三） 供应链金融的特点

大数据背景下，供应链金融业务出现了一系列新的特点。

（1）速度快。受理、审贷、放款、交付的速度加快。

（2）流程标准化。余额宝的优势就是流程标准化、运营透明化，进而可以实现信息化、平台化。

（3）融合化。制造业、商贸业、金融业、物流业与市场之间相互融合。

（4）参与者多元化。供应链金融的参与者逐渐多元化：银行业金融机构、担保公司、保险公司、保理公司、融资租赁公司、电子商务平台、商品交易所、商贸企业、生产企业、期货公司、P2P 公司等。

（四） 在线供应链金融

在线供应链金融是公司金融的新领域，其利用互联网和大数据，实现供应链融资线上化。优势是信息对接便捷、放款快速、借还灵活、标准公开透明、额度循环使用、共同监控风险等，但并不改变借贷关系、利益主体、担保关系等供应链金融本质。因此，当网上银行业务、互联网支付、网络借贷包括个体网络借贷（即 P2P 网络借贷）和网络小额贷款、股权众筹融资、互联网基金销售、互联网保险、互联网信托和互联网消费金融等业务服务于供应链时，都属于在线供应链金融。

（五） 在线供应链金融存在的问题

1. 行业风险

中国宏观经济增速放缓，但由于前期增速过快，核心企业出现高负债率的问题，一些银行迫于经济压力抽回贷款，导致核心企业资金周转困难，于是，核心企业拖欠“上游”供应商货款，预收“下游”企业资金，形成“三角债”问题，引发行业危机。

2. 信用风险

主要包括资产与信贷规模不匹配、还款来源无保障、诈骗行为多。

3. 互联网金融风险

部分 P2P 公司以互联网金融的名义非法集资。《2015 年 P2P 网贷行业年度报告》指出，仅 2015 年 1 月至 8 月，全国涉嫌非法集资的立案就在 3000 件左右，涉案金额超过 1500 亿元。加上“e 租宝”“卓达”“泛亚”等大案件，全年涉案金额超过 3000 亿元，形式包括私募基金、股权众筹、融资担保、资产管理、P2P、理财等。

（六） 在线供应链金融新常态

为了解决以上问题，需要建立在线供应链金融新常态，主要包括 5 点。

（1）供应链各方应深度合作、共控风险。

（2）目标一致，创新和优化商业模式。

（3）重建评估体系和评估方法。

（4）推动利率市场化，激励金融业务创新。

（5）保证运行规则公开、透明，促进金融生态、物流生态、贸易生态、信息生态相融合。

二、电商和电商平台

（一） 电子商务

电子商务是在互联网、企业内部网和增值网上以电子交易方式进行交易活动和相关服务的活动。电子交易的核心是默认的交易规则、巨大的成交量、安全的资金和货物。

1. 电子商务的特点

电子商务的特点包括：交易不受时空限制；缩短交易环节；碎片化订单反映真实需求，降低风险；快速交易促进快速交付；为小企业提供销售市场；融资成本和交易成本低；统一全国市场。

2. 电子商务的发展

电子商务的发展包括5个方面：商品、互联网络、交易成本逐渐廉价；网上交易的主动权从卖方转向买方；物流市场逐渐成熟和稳定；支付手段逐渐完善，金融电子化使网上支付方便安全；信息技术的发展，使查询、追踪、反馈、单证流转、合同生成、认证更便捷，交易更加可控。

（二）电商平台

电商平台分为企业电商平台和平台电商。平台电商成功案例较多，企业电商平台“自我服务”较多，大多成为企业资源计划（Enterprise Resource Planning，ERP）的组成部分。

1. 平台电商的分类

平台电商按功能分为3类：第一类只维护平台不参与交易；第二类维护平台，交易交给第三方运营；第三类既维护平台，又自营交易。

平台电商按服务领域分为2类：生活服务型平台和生产服务型平台。生产服务型平台又分为3类：第一类只提供咨询信息服务；第二类提供信息和交易平台服务；第三类提供信息和自营商品。其中，第二类、第三类居多数。

2. 电商平台的业务模式

广义的电子商务交易有3类：期货交易、远期合同交易、现货交易。其业务模式主要有信息咨询、撮合、挂牌、竞拍、专场、商城、仓单、回购、产能预售等。

电商平台的职责是管理客户、维护交易秩序。其运营的难点在于获取真实的客户动态信息、确定交易价格、认证产品质量的便利性、获取合格供应商和产品数据库的实时性、供应商评估指标体系的科学性、采购流程的标准化、相关企业的信息化水平、付款和尾款回收方式、潜规则回扣等。

现在，电商平台业务逐渐向多元化、“高精尖”方向发展，突出融资和物流功能，提供信息推送、辅助交易以及供应链服务，实现线上交易、融资，线下交付。主要表现在以下 8 个方面。

（1）引入支付和结算功能。可以获取现金流和沉淀资金，而现金流可以获得银行的直接授信和间接授信，沉淀资金可以产生存款利息和投资收益。

（2）开展票据业务。平台“线上”开设票据池，“线下”收集票据，以解决交易中产生的商业票据和银行承兑汇票。在资金紧张的情况下，平台企业还会进行票据贴现业务。

（3）开展保理业务。平台业务量达到一定规模后，银行就会介入，对供应商的债权进行保理。

（4）开展征信业务。平台要提供交易商的征信信息，包括营业执照、代码证、税务登记证、历史交易数据、诚信记录、货物的真实存在、平台单证的真实性等。

（5）开展代理业务。代理分销、代理采购、代理支付。

（6）与保险公司合作。平台购买保险公司的信用保险，一方面，增加安全审核与分担风险；另一方面，加强公司员工的道德防范意识。

（7）制定强制性标准和提高技术手段。

（8）开展电商网银业务。

三、丝绸之路经济带和中欧班列

（一）丝绸之路经济带的物流特点

丝绸之路经济带的物流特点包括以下 9 点。

（1）运输距离长：东西长 1.3 万千米。

（2）运输成本高：国内 0.14 元/吨·公里，国际 0.55 美元/箱·公里。

（3）连通国家多：连通 50 多个国家地区。

（4）人口密度低：其中，中亚 15 人/平方千米。

（5）大宗商品多：矿产、粮食、棉花、水果。

（6）流量不对等：货品、运输工具。

（7）需求多样性：民族需求多样。

（8）环保要求高：生态脆弱。

（9）两端呈扇形：走廊两端扇形集散。

（二）中欧班列

中欧班列分别由阿拉山口（霍尔果斯）、满洲里（绥芬河）、二连浩特出境，据此分为西、中、东 3 条通道。其中，阿拉山口开行 19 条班列、满洲里开行 17 条班列、二连浩特开行 3 条班列。

截至 2015 年 10 月，重庆、天津、武汉、成都、郑州、苏州、东莞、营口、合肥、广州、长沙、义乌、哈尔滨、石河子、乌鲁木齐、昆明、贵阳、库尔勒、厦门、兰州、长春、盘锦、临沂、伊犁、武威、奎屯，共计 26 个城市开通了 39 条中欧国际货运班列路线。

第三讲

“互联网+”物流

杨福兴

◆ 作者简介

杨福兴，北京邮电大学自动化学院物流工程教研中心主任，教授，博士生导师。1996年毕业于哈尔滨工业大学机电学院，获工学博士学位。作为项目负责人及主要参与者参加过国防科工委“九五”重点预研项目、国家自然科学基金、国家863项目、国家博士点基金、省部级项目基金、横向科研项目等，在国内外刊物上发表论文30余篇。主要研究方向为物流信息技术、物联网应用技术、先进制造技术。

当今世界许多重大的问题，如金融危机、能源危机和环境恶化等，实际上都能以更加“智慧”的方式解决。在全球经济形势低迷的同时，也孕育着未来的发展机遇，中国可以借此机会开创新的市场，加速发展，摆脱经济危机的影响。

一、物联网

物联网是指各类传感器和现有的互联网相互衔接的新技术。通过安装信息传感设备，如射频识别（RFID）装置、红外感应器、全球定位系统（GPS）、激光扫描器等，将所有的物品都与网络连接在一起，方便识别和管理。

从计算机的基本原理来看，物联网是物体之间形成的网络，物体联入网络的方式主要分为两种：主动联入（如 GPS 终端）、被动联入（如 RFID）。主动联入的物体和被动识别的识别器类似于计算机，其与手机终端最大的差别就是物体输入设备的智能化。输入设备包含自动检测设备，可以自动识别相关信息，不需要人工操作。

一般情况下，物联网的运行主要包括 3 步。

（1）标识物体属性，包括静态和动态的属性，静态属性可以直接存储在标签中，动态属性需要先由传感器实时探测。

（2）需要识别设备读取物体属性，并将信息转换为适合网络传输的数据格式。

（3）将物体的信息通过网络传输到信息处理中心，由处理中心完成物体通信的相关计算。

二、智慧物流

智慧物流是指通过智能硬件、物联网、大数据等智慧化技术与手段，提高物流系统分析决策和智能执行的能力，提升整个物流系统的智能化、自动化水平。而云物流就是基于云计算应用模式的物流平台服务。在云平台上，所有的物流公司、代理服务商、设备制造商、行业协会、管理机构、行业媒体、法律机构等都集中在云中并整合成资源池，各个资源相互展示和互动，按需交流，达成意向，从而降低成本，提高效率。物流云计算服务平台是面向各类物流企业、物流枢纽中心及各类综合型企业的物流部门等的完整解决方案，依靠大规模的云计算处理能力、标准的作业流程、灵活的业务覆盖、精确的环节控制、智能的决策支持及深入的信息共享来完成物流行业的各环节所需要的信息化要求。云物流的优势包括以下 3 点。

（1）社会化。平台能充分利用快递公司、派送点、代送点等终端社会资源。

（2）节约化。每个公司都建立一个小型云计算平台非常浪费，集中建设能享受规模效应。

（3）标准化。物流行业最大的问题就是标准不统一，而通过统一的平台，其运单查询流程、服务产品（国内、同城、省内）、收费价格、售后服务（晚点、丢失赔偿）以及保险等都能做到标准、透明。发货公司通过平台能方便地找到物流公司，物流公司通过平台能方便地找到订单与运单。

三、“互联网 +”

2014 年 11 月，李克强总理在首届世界互联网大会时指出，互联网是“大众创业、万众创新”的新工具。其中，“大众创业、万众创新”被称作中国经济提质增效升级的“新引擎”，可见其重要作用。2015 年 3 月 5 日，在十二届全国人大三次会议上，李克强总理在政府工作报告中首次提出“互联网 +”行动计划。

“互联网 +”代表一种新的经济形态，即充分发挥互联网在生产要素配置中的优化和集成作用，将互联网的创新成果深度融合于经济社会各领域之中，提升实体经济的创新力和生产力，形成更广泛的以互联网为基础设施和实现工具的经济发展新形态。

“互联网 +”行动计划将重点促进以云计算、物联网、大数据为代表的新一代信息技术与现代制造业、生产性服务业等的融合创新，发展壮大新兴业态，打造新的产业增长点，为“大众创业、万众创新”提供环境，为产业智能化提供支撑，增强新的经济发展动力，促进国民经济提质增效升级。

四、物流的发展

（一）达巴瓦拉

达巴瓦拉（Dabbawala）是一群活跃在印度城市里的送饭人。达巴（Dabba）就是饭盒的意思；瓦拉（Wala）是快递者的意思。在印度，特别是在孟买这样的大城市，人们习惯于在公司里吃家里做的饭。因此，将每天家里做的饭在午饭时间以前准时送到每个白领手里这一想法促成了达巴瓦拉这个行业的诞生。“达巴瓦拉”比一些现代的跨国速递公司都更加精准和专业。目前孟买有 5000 多个“达巴瓦拉”为 17 万 ~20 万顾客送午餐，业务每年以5% ~10% 的速度增长，整个行业每年的收益为 1. 8 亿卢比。

（二）必要网

必要（biyao. com）平台由百度总裁前助理毕胜创办，运营模式是用户直连工厂（Customer to Manufactury，C2M）。这种模式让用户通过必要的平台直连优质工厂，砍掉了中间的加价环节，用户只用原来商品价的1/10，就能买到最好的产品。

未来，线上到线下（Online to Offline，O2O）商业模式将成为主流，O2O模式是指将线下的商务机会与互联网结合，让互联网成为线下交易的平台。O2O的优势在于把网上和网下的优势完美结合。通过网购导购机，把互联网与地面店完美对接，实现互联网落地。让消费者在享受线上优惠价格的同时，又可享受线下贴身的服务。同时，O2O模式还可实现不同商家的联盟。

第四讲

PMI 和物流景气指数的预警预测作用

何　辉

◆ 作者简介

何辉，中国物流信息中心副主任，中物联大宗商品交易市场流通分会常务副会长，高级经济师。长期从事经济与市场监测、分析与预测等工作。在生产资料及大宗商品流通领域，组织、协调行业的交流合作、信息统计、市场监测、分析研究、信息发布等。在物流领域，负责我国社会物流统计的具体组织、实施与核算工作，物流市场运行与产业发展的分析研究等，并先后组织参与了有关现代物流与宏观经济、现代流通方式、生产资料市场发展、物流成本、产业规划等一系列课题的研究工作。

随着现代物流业的发展，采购经理指数（Purchasing Managers' Index，PMI）、中国物流景气指数（China Logistics Prosperity Index，CLPI）对经济趋势的预警预测作用不断加强，尤其在反映宏观经济与物流运行方面，具有先行性、快捷性、客观性、综合性作用。通过分析 PMI 和 CLPI 的走势，可以把握相关经济领域未来的发展趋势。

一、PMI 和 CLPI 概述

PMI 是一套月度发布的、综合性的经济监测指标体系，是国际上通行的宏观经济监测指标体系之一，对国家经济活动的监测和预测具有重要作用，这是 GDP、CPI（居民消费价格指数）等指标欠缺之处。PMI 可以分为制造业

PMI 和服务业 PMI，制造业 PMI 以 50% 作为经济发展强弱的分界点，PMI 指数高于 50%，表示制造业经济在增长；低于 50%，表示制造业经济在下降。

CLPI 是从微观物流角度描述物流产业整体发展状况及未来发展趋势的指标体系，填补了用体系化方式衡量物流运作效果的空白。CLPI 基于 PMI 的理论基础，通过指数的方式综合反映物流活动，是目前反映物流业整体运行态势的唯一体系。

（一）PMI 和 CLPI 的指标体系

PMI 分为制造业 PMI 和服务业 PMI，制造业 PMI 包括 12 个指标：生产、新订单、新出口订单、积压订单、产成品库存、采购量、进口、购进价格、原材料库存、从业人员、供应商配送时间、生产经营活动预期；服务业 PMI 包括 10 个指标：商务活动新订单、新出口订单、在手订单、存货、中间投入价格、收费价格、从业人员、供应商配送时间、业务活动预期等。CLPI 包括 12 个指标：业务总量、新订单、平均库存量、库存周转次数、资金周转率、设备利用率、物流服务价格、主营业务利润、主营业务成本、固定资产投资完成额、从业人员、业务活动预期。综合指数是几个指标加权合成的指数，综合指数可以更全面地反映经济景气周期。制造业 PMI 的综合指数包括 5 个指标：生产、新订单、原材料库存、从业人员、供应商配送时间；服务业 PMI 的综合指数是商务活动；CLPI 的综合指数包括 5 个指标：新订单、业务总量、从业人员、设备利用率、库存周转次数。

（二）PMI 和 CLPI 的调查问卷

中国现行的经济统计指标以定量调查为主，而 PMI 是以定量为基础的定性调查，基于简练、易答、定性三项原则的数据采集和加工过程，保证了其作为预测工具的连续性、及时性和可靠性。同时，PMI 以封闭式调查为主，问卷中设置问题时带有一定的开放性，调查对象需对其经营活动和商务环境做出总体评价。调查问卷的调查方法采用分层概率抽样法，首先，根据国家行业标准目录进行划分；其次，根据各个行业 GDP 的产出占整个国民经济的比重进行分层抽样，确定行业的样本量与置信度。CLPI 调查采用概率比例规模抽样（Probability - Proportional - to - Size Samping，PPS），按照各物流行业对物流业主营业务收入的贡献度，确定各行业的样本数，以及样本的区域分布、企业类型分布、规模分布。

其中，PMI 的定性调查特点包括以下 3 点。

1. 及时性与先导性

PMI 是宏观经济序列数据中滞后期最短的指数，只需趋势性判断，不涉及绝对量统计，体现及时性；通过观察指数趋势，分析相关经济指标的未来发展，体现先导性。

2. 综合性与指导性

PMI 是综合的指数体系，该指标从企业的角度，集中分析生产、库存、从业人员的所有活动，有助于详细分析行业发展走势的成因，为国家宏观经济调控和指导企业运营提供重要依据。

3. 科学性与合理性

坚持客观公正的标准选择样本，样本选择涵盖不同行业、不同地域，并兼顾企业规模；每年或每半年抽查一次样本，根据企业、采购经理的变化，及时予以调整，可以减少因随机波动带来的误差；在定量基础上进行定性调查，保证调查过程中的真实性；采用国际通行的方法汇总数据，并由采购经理直接上报数据，消除审查环节。

二、PMI 的预警预测作用

（一）PMI 的预警预测作用的 5 处体现

1. 拐点

PMI 根据扩散指数原理编制，以 50% 为分界点，反映经济走势的转折性变化。不同国家经济水平不同，经济变动的临界点也不同。分析 PMI 指数可得到国家经济的转折性变化，由于很多指标无法做到这一点，因此体现了 PMI 指数的重要性。

2. 趋势

PMI 具有动态性，包括先行、同步和滞后三项指标。通过分析 PMI，可得到经济发展的“势”和“能”，“势”即经济发展的势头；“能”即经济发展变化的能量与强度。

3. 联动

首先，PMI 可以反映国家制造业与服务业的情况；其次，PMI 可以反映制造业与其上下游行业间的关系，体现国家、地区、行业的运行状况；最后，PMI 可以反映经济活动的若干环节，具有相互补充、相互说明的作用。

4. 结构

PMI 不但包含宏观层面的全国指数，而且包括中观层面的行业指数、地区指数。通过分析 PMI 的结构变化，可以把控经济发展的结构特点和总体态势。

5. 问题

通过对比分析 PMI 数据，可以发现经济运行问题；通过对比分析 PMI 同期指数，可以深入了解宏观经济或相关领域；通过横向对比 PMI 各指标，可以判断经济运行的协调性与均衡性；通过分析产业结构、产品结构和地区结构，可以揭示企业的具体问题。

（二） PMI 与其他指标的关联

1. PMI 与 GDP 的关联性

PMI 与 GDP 具有高相关性，且 PMI 的转折点通常比 GDP 的转折点早出现数月。PMI 可以反映产业相关信息，因此，根据产业与 GDP 的关系，可以分析出各产业发展趋势及变化。

2. PMI 与工业生产的关联性

PMI 与工业增加值的发展趋势基本一致。工业增加值是指工业企业在报告期内以货币形式表现的工业生产活动的最终成果，是工业企业生产过程中新增加的价值。PMI 是环比概念，是偏主观的调研类指标，而工业增加值是同比概念、客观指标，与基数相关。

3. PMI 与固定资产投资的关联性

固定资产投资是建造、购置固定资产的经济活动，是社会固定资产再生产的主要手段，是国家投资形成扩大再生产的重要因素。投资活动与 PMI 有很强的关联性，不仅投资效果可以从 PMI 的趋势中得到，而且在预测固定资产投资值时，引入 PMI 的预测能力优于未引入 PMI 的预测能力，提高了预测固定资产投资的准确性。

4. PMI 与 M2 的关联性

M2 是反映货币供应量的重要指标，可同时反映现实和潜在的购买力。PMI 与国家的货币流通具有强一致性，PMI 反映了货币对经济活动的支撑作用，市场货币充足代表经济市场活跃。

5. PMI 与进出口的关联性

制造业 PMI 可以预测进出口，当 PMI 下滑时，市场需求下降，进出口额下降；当 PMI 回升时，市场需求增加，进出口额增加。依据 PMI 的预测结果，可以适时采取调控措施，促进对外贸易持续健康发展。

三、CLPI 的预警预测作用

（一） CLPI 与物流业务量的联系

2013 年 3 月 5 日，中国物流与采购联合会、中国物流信息中心正式对外发布：每月 5 日上午 9 时将通过媒体对外发布中国物流景气指数。

CLPI 反映物流业经济发展的总体变化情况，与货运量、快递业务量、港口货物吞吐量等物流指标，以及工业生产、进出口贸易、固定资产投资、货币投放等经济指标有较高的关联性。CLPI 丰富了我国物流统计指标体系，加强了物流运作与国民经济的关联度研究，为指导企业生产经营活动提供了依据。但是，由于调查数据的周期较短，CLPI 反映的物流业周期性特点以及与实体经济的关联性还有待进一步观察和研究。

（二） CLPI 与宏观经济的联系

物流业自身存在运行规律，并且，物流业与宏观经济、国民经济各个行业紧密相连并受其影响，因此，CLPI 往往受到各种因素的冲击而呈现长期波动与周期波动并存的状态。

第五讲

我国物流发展形势分析与热点研究问题

冯耕中

◆ 作者简介

冯耕中，西安交通大学管理学院教授、博士生导师，“过程控制与效率工程”教育部重点实验室主任；国家级专业技术人员继续教育基地（陕西省科技资源统筹中心）教学指导委员会主任。

中国物流学会副会长，全国物流标准化技术委员会（SAC/TC269）委员，全国物流标准化技术委员会物流管理分技术委员会（SAC/TC269/SC4）副主任委员，中国物流与采购联合会物流企业综合评估委员会委员，中国物流与采购联合会物流园区专业委员会专家委员会副主任，中国物流与采购联合会大宗商品交易市场流通分会专家委员会主任，现代物流重庆市重点实验室学术委员会委员。

中国系统工程学会常务理事，中国系统工程学会青年工作委员会主任委员，西安系统工程学会理事长。

中国科学技术协会决策咨询专家；联合国亚太经济社会委员会（UNESCAP）项目研究与咨询专家；中国电子商务创新推进联盟专家委员会委员；中国电子商务物流企业联盟副会长兼专家委员会副主任；陕西省大数据与云计算产业技术创新战略联盟副理事长；陕西省两化融合管理体系服务联盟专家。

一、物流发展形势

（一）宏观形势

1. 结构调整

随着互联网的普及和发展，物流的服务对象变为电子商务、跨境电商，物流市场的需求出现了新特点："黑冷白热""网涨店缩"。随着结构调整的深入，钢铁、煤炭、水泥、矿石等"黑货"增速进一步放缓，而属于生活消费品的"白货"增长迅速。

2. 区域竞争

区域竞争从过去企业与企业的竞争，逐步演化为供应链与供应链的竞争以及区域与区域的竞争。中国交通运输体系由 3 个层面构成：经济圈间、经济圈内、城市内。其中，在经济圈间建设结构合理、功能完备的运输大通道；在经济圈内建设快速交通系统；在中心城市及大城市内建设以公共交通为主体的发达、通畅的城市综合交通体系，特大城市大力发展城市轨道交通，提高农村交通的覆盖率、通达深度和道路质量。

高速公路、动车组、城际快车的出现扩大了原有中心城市的辐射范围，逐渐形成大城市经济圈覆盖小城市经济圈、城市经济圈相互挤压的城市经济格局，加强了大城市的集聚和扩散功能，使城市之内、城市之间、国际之间的交通更加便利。

3. 转型升级

随着居民消费水平和需求的变化，物流业由数量优先转变为质量优先，物流业和电子商务之间融合发展。

（二）电子商务与物流融合发展

菜鸟网络科技有限公司通过打造智能物流骨干网，整合生产流通的数据，实现信息的高速流转，使生产资料、货物减少流动，提升效率。其中，菜鸟物流是由"电商"向"物流"的扩展。

顺丰旗下网购服务社区店"嘿客"是没有实体商品的多功能"便利店"，是"物流"向"电商"的扩展。

（三）新技术应用前景广阔

21 世纪是数据信息快速发展的时代，移动互联、社交网络、电子商务等拓展了互联网的边界和应用范围，各种数据正在迅速膨胀。“跨界”“融合”、新技术的应用是目前重要的转型升级的发展趋势。

二、电商物流发展形势

（一）网络零售与物流协同

目前，电商物流领域“网络零售 + 快递”的运作模式发生了改变，由大批量作业、单品批次作业发展为单件作业，导致作业难度增加。主要有 3 点困难：“海量”订单的处理、“海量”货物如何存放和分拣、“海量”货物如何送达。

（二）电子交易与物流协同

随着大宗商品贸易的发展，大宗电子交易平台成为整合商流、物流、信息流、资金流的载体，物流服务系统是重要的支撑，还提供金融等配套服务。

（三）电子商务与供应链系统协同

在供应链管理背景下的电商与物流的协同发展，要求交易、物流、服务的交付完成速度更快，需要深度整合商流、物流、信息流、资金流，高度集成供应链系统，有效衔接各环节，使系统高效运行。

（四）机遇和挑战

当前，我国电商物流发展的机遇包括 5 点：经济全球化导致区域经济布局变迁进程加快，正在重新构建电商物流体系；信息技术的发展引发产业革命和消费革命，商业模式创新成为未来主流；客户需求柔性化、个性化，激励物流电商协同发展；绿色物流、经济物流受到重视，电商与物流协同发展将改变产业模式；相关支持政策不断出台，推动物流与电商持续发展。

我国电商物流发展的挑战也包括 5 点：电商市场“无地域”发展与物流业集中度低之间的矛盾；物流发展的地域不平衡与电商跨区域服务需求之间

的矛盾；物流基础设施分散建设与全国性布局之间的矛盾；金融服务与电商物流发展不匹配的矛盾；电商物流业务创新与政策不匹配的矛盾。

三、热点研究问题

（一） 供应链金融

供应链金融有两种模式，一种是面向产业应用的物流金融；另一种是面向消费领域的互联网金融，即 P2P 模式。

1. 供应链金融的发展阶段

供应链金融的发展分为 3 个阶段。

1990—2002 年为供应链金融的萌芽阶段。其中，1995 年招商银行推出了“一卡通”，首次实现全国联网“通存通兑”。

2003—2012 年为供应链金融的成长阶段。此时供应链金融有 3 个特点：物流金融和供应链金融快速发展；业务不断拓展、服务模式不断创新；第三方支付开始规范发展。

2013 年至今为供应链金融的快速发展阶段。其中，2013 年，成立中关村互联网金融行业协会，这是全国第一家互联网行业组织；余额宝产生。2014 年，召开首届在线供应链金融推进大会。

2. 供应链金融的发展建议

关于供应链金融的发展有以下 5 点建议：积极发展供应链金融相关业务、支持互联网金融的发展、加快完善企业信贷模式、加快构建跨境电子商务支付体系、建立健全的风险防控体系。

（二） 物流标准化

近年来，中国物流标准化的相关管理机构有国家标准化管理委员会、中国国家认证认可监督管理委员会、全国物流标准化技术委员会、全国物流信息管理标准化技术委员会等。其中，自 2011 年起，全国物流标准化技术委员会每年都会发布《物流标准目录手册》。

2015 年，国务院印发《深化标准化工作改革方案》的通知，对标准化改革提出了指导思想：建立高效权威的标准化统筹协调机制、整合精简强制性标准、优化完善推荐性标准、培育发展团体标准、放开搞活企业标准、提高标准国际化水平。相关重要文件还有国务院办公厅印发的《国家标准化体系建设发展规划（2016—2020 年）》、国家标准化管理委员会等联合印发的《物流标准化中长期发展规划（2015—2020 年）》等，都对标准化的未来发展进行了整体规划。

第六讲

国际海运业务与顾客供应链

田中　旬（日本）

◆ 作者简介

田中　旬，1962 年出生于日本静冈县，1985 年毕业于庆应义塾大学法学部。同年，入职日本通运株式会社。现任日本通运东亚地区总括室海运货物部部长。历任代代木航空支店出口第三课主任、东京国际运输支店营业第一课系长、新宿国际运输支店课长、东京物流供应支店精工事业部所长、上海通运国际物流有限公司营业部长。

一、海洋运输

（一）海运的历史

海洋运输满足了大批量、远距离的运输需求，在地中海、北海、印度洋等地较为发达。

1450—1650 年，随着造船术和航海术的发展，人们开始在大陆间航行。当时的海运以商人们使用自有船舶买卖远方商品为主，商人需要承受较大风险。为了减少这种风险，出现了股份制公司，专门从事海洋运输，承接运输业务。

1939 年前，航海客运以豪华型客轮为主，然而，随着喷气式客机的出现，航海客运逐渐衰退。2000 年后，仅剩下近海、海峡等短距离的定期船、渡轮，以及以娱乐为主的游轮。但是，如今的海运依然是国际货物运输最主要的运输方式，以大型集装箱船和油轮为代表的各式船舶，成了连接世界各港口的纽带。

（二）集装箱化

1400—1930 年，造船术和航海术发展迅速，但货物的装卸效率低下。1930 年出现集装箱，1950 年开始用滚装船装载集装箱，1970 年集装箱已经在全世界普及。

二、集装箱与集装箱船

（一）集装箱

集装箱是由钢材、铝等制成，具有一定规格的大型装货容器，一般用飞机、铁道、卡车、船舶等进行运输。按尺寸可以将集装箱分为 20 英尺、40 英尺、45 英尺、48 英尺、53 英尺。53 英尺集装箱一般用于美国或中国内陆运输，国际海运一般用 20 英尺和 40 英尺集装箱。另外，集装箱按用途可以分为干式集装箱、冷藏集装箱、开顶式集装箱、框架式集装箱。集装箱统一尺寸和形状可以提高装卸效率、降低运输费用，箱式造型也可以保护货物。

关于装卸工作：集装箱由统一规格的拖车运到集装箱堆场后，由港口岸桥进行装卸作业。为了提高装卸作业的效率，世界各地的港口都有相同规格的岸桥，并且集装箱船内部的单元构造也相同。

（二）集装箱船

集装箱船是指专门运输 20 英尺、40 英尺、45 英尺集装箱的货船。用标准箱（Twenty - feet Equivalent Unit，TEU）表示船舶装载集装箱的能力。最早的集装箱船是由军舰改造的，装载量只有 60TEU。后来将散杂货船改造成集装箱船，装载量约为 200 ~ 500TEU。而现在最新的集装箱船装载量达到 20000TEU，船长 400 米，但并不是所有的港口都有能力接纳大型集装箱船。

目前，世界最大的港口是上海港，新加坡港和深圳港位居二、三，吞吐量分别为 3690 万 TEU、3510 万 TEU、2450 万 TEU。美国进口的集装箱中约 43% 来自中国，亚洲是世界物流的中心，中国是亚洲物流的中心。

三、海运业务

海运可以分为3类：整箱货（Full Container Load，FCL）运输，运输范围是出发地堆场和目的地堆场之间；拼箱货（Less than Container Load，LCL）运输，运输范围是出发地货运站和目的地货运站之间；零担（Break Bulk）运输，货物无法用集装箱接载，需要用专门运输大型机械或谷物的货船（油船、天然气船）或散装船运输。

在海运过程中，货代起着重要的作用：为客户选择合适的运输方式；为客户选择适当的承运人并签订运输合同；为客户制备相关的单证并满足相关法规和信用证的要求；代为清关；代办保险，提供仓储分包服务；监管运输中的货物。

货代的业务流程一般是从发货人所在工厂提货，用卡车送到仓库装箱，再用专门的拖车运进港口，报关后装船，接着进行海上运输，到达目的港后，通关并提箱，最后送到收货人所在工厂。此外，根据客户要求，有时会在发货人所在工厂直接装箱，目的港报关放行后也可能先送到指定仓库拆箱，再送货到收货人所在工厂。

四、顾客供应链

供应链管理（Supply Chain Management，SCM）是指从提供价值活动的最初到结束，将从原材料的提供方到最终需求方这个过程中分别独立的业务流程整理统合为一个完整的商业流程，突破企业和组织的壁垒以达成持续保持整体流程的最优化，提高货物和服务的附加价值，它是促成企业高收益率的战略性经营管理手法。

最早的顾客供应链只提供运输服务，后来根据客户的要求，增加了仓储服务，可以为顾客进行仓储调配、出库。目前，在原有服务基础上，又增加了整体管理，即不仅停留在物理性质的服务上，还包括对供应链各方在内的整体进行管理，为客户提供了更有附加价值的服务。

第七讲

绿色物流与供应链管理

刘晓红

◆ 作者简介

刘晓红，英国赫瑞瓦特大学（Heriot－Watt University）物流与供应链管理博士，德国埃尔兰根—纽伦堡弗里德里希—亚历山大大学（Friedrich－Alexander University of Erlangen－Nuremberg）博士后，美国亚特兰大佐治亚理工学院（Georgia Institute of Technology）访问学者（2003—2004），现为中央财经大学商学院教授。刘晓红教授曾获2008年度Emerald/EFMD Highly Commended Award（物流与供应链管理类）优秀博士论文（由国际著名出版机构Emerald和欧洲管理发展基金会EFMD联合颁发）。近年来她的研究兴趣为绿色物流与供应链管理以及环境的可持续性发展。她的研究成果已在国际物流与供应链管理学术期刊上发表，如《国际实物分配和后勤管理杂志》（《International Journal of Physical Distribution and Logistics Management》）（SSCI）；《国际物流管理杂志》（《International Journal of Logistics Management》）（SSCI）；《国际物流研究和应用杂志》（《International Journal of Logistics Research and Applications》）（SSCI）等。刘晓红教授目前正主持国家社会科学基金面上项目、教育部人文社科规划项目以及北京市自然科学基金面上项目各一项。

一、可持续性

（一）可持续性的概述

可持续性是指一种可以长久维持的过程或状态。人类社会的可持续性由生态可持续性、经济可持续性和社会可持续性三个相互联系、不可分割的部分组成。可持续发展非常重视环境保护，把环境保护作为它积极追求实现的最基本目的之一。

（二）可持续性的分类

可持续性分为弱可持续性和强可持续性。维持资本存量不变的方式有两个：一个是自然资本和人造资本的存量之和在其总价值可加总的情况下保持不变；另一个是自然资本与人造资本的存量分别保持不变，其价值的加总只能在每种资本内部进行，不允许在两者之间对其价值加总。第一种方式认为自然资本与人造资本之间是可替代的，这种观点认为可以剥夺自然资本，只要以等量的价值的人造资本投资，则这种替代就可以接受，这种方式称为弱可持续性；第二种方式认为自然资本与人造资本之间不是替代的，而是互补的，两种类型资本都应得到保持，因为每种类型资本的生产都要依赖对方，这种方式称为强可持续性。

（三）可持续性的要素

可持续性包括 4 个要素：温室气体、保护生物多样性、保护人类健康、降低生态足迹尺度。生态足迹就是能够持续地提供资源或消纳废物的、具有生物生产力的地域空间，其含义就是要维持一个人、地区、国家的生存所需要的或者指能够容纳人类所排放的废物的、具有生物生产力的地域面积。人类降低生态足迹尺度是环境可持续发展的重要方面。

二、物流业对环境的影响

物流业对环境造成的影响可以分为 3 类：大气污染、噪声污染、资源占用。

（一）大气污染

大气污染是指大气中一些物质的含量达到有害的程度以致破坏生态系统和人类正常生存和发展、对人或物造成危害的现象。物流业中交通运输过程是造成大气污染的主要来源，包括汽车、船舶、飞机等排放的尾气，内燃机燃烧排放的废气中含有一氧化碳、氮氧化物、碳氢化合物、含氧有机化合物、硫氧化物和铅的化合物等物质。

（二）噪声污染

通常在交通干线两侧一定距离之内，交通噪声对环境产生的影响较大。包括机场、高速公路、一级公路、二级公路、城市快速路、城市主干路、城市次干路、城市轨道交通（地面段）、内河航道两侧区域、铁路干线两侧区域等。

（三）资源占用

物流的运输和仓储是最基本的活动，这两个活动不同程度地占用了土地。另外，运输和仓储的过程也要消耗一定的能源。

三、绿色物流

（一）绿色物流概述

绿色物流是指在物流过程中抑制物流对环境造成危害的同时，实现对物流环境的净化，使物流资源得到最充分利用。绿色物流的最终目标是可持续性发展，实现该目标的准则是经济利益、社会利益和环境利益的统一。经济方面，包括增长率、效率性、就业情况、竞争力等指标；社会方面，包括安全、健康、公平等指标；环境方面，包括浪费情况、气候变化、噪声情况等指标。

（二）绿色物流的驱动因素

（1）经济全球化。随着经济全球化的发展，一些传统的关税和非关税壁垒逐渐淡化，环境壁垒逐渐兴起。为此，ISO 14000（环境管理体系）成为众多企业进入国际市场的通行证。ISO 14000 的两个基本思想是预防污染和持续改进，它要求建立环境管理体系，使其经营活动、产品和服务的每一个环节对环境的影响最小化。ISO 14000 不仅适用于第一、第二产业，也适用于第三产业，更适用于物流业。物流企业要想在国际市场上占一席之地，发展绿色物流是其理性选择。

（2）人们环保意识的觉醒。随着世界经济的不断发展，人类的生存环境也在不断恶化。20 世纪 60 年代以来，人类环境保护意识开始觉醒，于是，绿色消费运动在世界各国兴起。消费者不仅关心自身的安全和健康，还关心地球环境的改善，拒绝接受不利于环境保护的产品、服务及相应的消费方式，进而促进绿色物流的发展。

（3）企业的营销优势。由于人们环保意识的觉醒，消费者在购买商品时会选择带有绿色食品认证的产品。部分商家就会利用消费者的消费心理进行绿色产品的促销，获得品牌竞争优势。

（三）碳减排

随着全球气候变暖，二氧化碳的排放量必须减少，从而缓解人类的气候危机。中国建设碳市场遵循的 5 个原则：按照自愿原则建设碳市场、遵循客观规律建设碳市场、政府科学引导碳市场建设、统筹协调推进碳市场建设、循序渐进地建设碳市场。中国 2020 年碳减排目标：单位 GDP 二氧化碳排放比 2005 年下降 40% ~45%；非化石能源占一次能源消费的比重达 15% 左右；森林面积比 2005 年增加 4000 万公顷，森林蓄积量比 2005 年增加 13 亿立方米。

四、绿色供应链

（一）绿色供应链概述

绿色供应链是一种在整个供应链中综合考虑环境影响和资源效率的现代管理模式，它以绿色制造理论和供应链管理技术为基础，涉及供应商、生产商、销售商和用户，其目的是使得产品从物料获取、加工、包装、仓储、运输、使用到报废处理的整个过程中，对环境的影响（负作用）最小，资源效率最高。

绿色供应链可以增强企业的竞争力、增加客户价值、提升企业绿色形象、规避绿色技术贸易壁垒，从而提高整个供应链的效益。

（二）绿色供应链管理的组成

绿色供应链管理可以分为绿色供应链计划、绿色采购、绿色供应链的运作执行和碳管理4部分。其中，绿色供应链计划还包括销售计划、需求计划、供应计划、生产计划、库存计划。绿色供应链管理强调闭环运作，在生产过程中产生的废品、废料和在运输、仓储、销售过程中产生的损坏件及被用户淘汰的产品均须回收处理。

第八讲

我国当前冷链物流模式与食品质量安全

罗云波

◆ 作者简介

罗云波，中国农业大学食品科学与营养工程学院教授，博士生导师。兼任中国园艺学会园产品采购分会理事长；中国农学会，农产品贮藏加工分会副理事长；国家农业转基因生物安全委员会委员；中国食品学会理事；北京食品协会副主席；《中国食品学报》主编；《国际制冷学报》编委；全国高校食品学院院长联谊会会长、中国科学院植物研究所，浙江大学兼职教授。

罗云波教授，多年来一直致力于保障食品安全营养技术的研究。发表论文 100 余篇，其中 SCI 收录 50 余篇，申请专利 20 余项，获得授权国家专利 5 项。主编和参编教材 10 余部。曾主持教育部跨世纪人才基金、国家自然科学基金、农业部（现农业农村部）“九五”重点项目、“十五”重大科技专项子课题、国家“863”项目子课题、农业部（现农业农村部）“948”项目、国家“973”计划子课题、以及国际合作项目等。主持和参与制定多项国家或行业标准。曾荣获“优秀教学成果”集体国家级二等奖、政府特殊津贴、国家教委优秀青年教师奖、教学成果国家级二等奖、国际合作先进个人、农业部（现农业农村部）科技进步一等奖、国家跨世纪人才基金、国家杰出青年基金、中国食品工业 20 大科技进步成果奖。2007 年 4 月 23 日下午，罗云波教授在中共中央政治局第四十一次集体学习时，就我国农业标准化和食品安全问题进行了讲解。

食品是一种特殊的商品，具有易腐性、鲜活性、保质性等特点，其质量的高低直接影响人们的身体健康和生命安全，所以对温度的控制有着严格的要求，冷链物流与食品的质量安全密不可分。

一、食品冷链物流现状

当前，中国的冷链物流模式总体来说稳定且具有可操作性，农产品质量安全水平逐步提高。无论是传统的营销流通商业模式，还是新型的电商流通商业模式，保障我国农产品质量安全的核心都是冷链体系的完整性和有效性，这对维持市场供需平衡、调动农业生产积极性起着重要的作用。

（一）相关政策

2010 年 7 月，国家发展和改革委员会印发我国首部《农产品冷链物流发展规划》（以下简称《规划》）出台，《规划》提出到 2015 年，建成一批运转高效、规模化、现代化的跨区域冷链物流配送中心，我国果蔬、肉类、水产品冷链流通率分别达到 20%、30%、36%，冷藏运输率分别达到 30%、50%、65%，流通环节产品腐损率分别降至 15%、8%、10%。《规划》明确了农产品冷链物流发展的 7 项主要任务：一是推广现代冷链物流理念与技术，二是完善冷链物流标准体系，三是建立主要品种和重点地区农产品冷链物流体系，四是加快培育第三方冷链物流企业，五是加强冷链物流基础设施建设，六是加快冷链物流装备与技术升级，七是推动冷链物流信息化。

2014 年 6 月，国务院印发《物流业中长期发展规划（2014—2020 年）》，明确了物流业在中国国民经济发展中的基础性、战略性地位，也对冷链物流业发展提出了新的要求。

2014 年 7 月，国家发展和改革委员会、财政部等 10 部门联合印发《关于进一步促进冷链运输物流企业健康发展的指导意见》，旨在进一步提升冷链运输发展水平。

2015 年 2 月，中共中央、国务院印发《关于加大改革创新力度加快农业现代化建设的若干意见》，即中央一号文件，要求加强大型农产品批发、仓储和冷链等现代物流设施建设，降低流通成本。

（二）冷链物流的分类

根据对温度控制的不同要求，冷链物流分为以下 4 类。

1. 常温物流

常温物流不需要对产品的温度进行控制，但是温度不宜变化太大。

2. 恒温物流

恒温物流是指将货物控制在固定温度。其中，化妆品控制在 20℃；巧克力控制在 14℃；葡萄酒控制在 14℃或 18℃，并且恒定湿度。

3. 高温冷链物流（冷藏链）

蔬菜、水果、新鲜牛奶、冷鲜肉等产品适宜高温冷链物流，需要将产品温度控制在 0℃ ~4℃或 0℃ ~6℃。

4. 低温冷链物流（冷冻链）

冷冻肉类、速冻食品、冰激凌等产品适宜低温冷链物流，需要将产品温度控制在 -18℃或 -20℃。

（三）冷链物流存在的问题

1. 冷链基础设备设施落后，功能失衡

目前，我国冷藏保温车辆约有 7 万辆，中国冷库总量为 2673 万吨，人均冷库容量不足 7 千克，肉类冷冻库多、果蔬保鲜类冷库少，城市冷库多、农村冷库少，经营性冷库多、加工类冷库少，土建式冷库多、装配式冷库少，东部冷库多、中西部冷库少，冷链设备的落后导致功能失衡。

2. 冷链标准缺乏监管，企业执行力度差

我国冷链相关标准已经超过 200 项，但所有标准都是推荐性标准，企业的执行力度差，缺乏食品安全监管。

3. 冷链理念薄弱，易腐食品安全意识弱

我国食品企业大多重视生产环节，缺乏对冷链环节的监管和追溯。我国居民家庭易腐食品消费占比已经超过 30%，但大部分人还认识不到温度变化对于食品安全的影响。

（四）国内外对比

中国与发达国家农产品腐损率比较：2014 年，中国冷鲜产品中，果蔬、

肉类、水产品流通中的腐损率分别为25%、12%、15%，每年的损失分别为4807万吨、555万吨、730万吨。而发达国家农产品的腐损率低于5%，远低于中国水平。

中国与发达国家冷链流通率比较：2014年，中国果蔬、肉类、水产品冷链流通率分别为5%、15%、23%，远低于欧美发达国家水平，欧美发达国家的肉禽冷链流通率达到100%，果蔬冷链流通率也达95%。

2014年，冷链应用率：日美、西欧为85%、东欧为50%、中国为19%。冷藏车占货运比例：英国为3%、德国为2.1%、美国为1%、中国为35%。人均库容量：美国69千克/人、英国49千克/人、德国27千克/人、中国7千克/人。由此可见，随着消费者对商品品质要求的提高和国家整体经济水平的提升，未来中国冷链市场存在巨大空间。

（五）冷链物流的发展意义

促进冷链物流的发展主要有3点意义：促进农业增效、农民增收，解决“菜贱伤农”问题；解决“菜贵伤民、品质不保”问题；提高我国出口食品及农产品质量，突破贸易壁垒，增强国际竞争力。

二、关键因素

（一）技术因素

冷链物流涉及原料采购、加工、运输、贮藏、消费等多个环节。当前，各个环节均形成了较为完善的技术体系，为冷链物流的发展提供了保障。

1. 信息控制环节

GPS（全球定位系统）、GIS（地理信息系统）、EDI（电子数据交换）、条码、MIS（管理信息系统）、温湿度红外遥感等将对信息控制环节实现全程控制。

2. 产地加工环节

真空预冷、冰温预冷、气调、生物保鲜等技术可提高产品质量、延长保鲜期。

3. 运输环节

冷藏集装箱、铁路冷藏车、“三段式”冷藏运输车等技术实现“门对门”

服务。

4. 贮藏环节

自动化冷库、气调冷库、多温冷库等技术有效延长储存保鲜期。

（二） 生理病害因素

生理病害因素包括6点：果蔬采前因子（套袋、施肥、灌水、气象等因素）；贮藏环境因子；入、出库方式；果蔬在物流和销售环节的生理病害防控；果蔬的生理病害综合防控装置设备；产业链各环节温度、湿度、气体成分等最佳参数标准。

（三） 新型商业模式因素

新型商业模式因素包括3点：不同农产品生物学特性对贮运特性的影响及各环节商品化处理技术；电商产业链的农产品品控、安全技术体系；鲜熟农产品在电商物流及配送过程中的减损技术。

（四） 质量安全体系因素

冷链物流质量安全体系因素包括3点：成熟的安全性风险评估理论与技术，准确掌握农产品质量安全风险；科学合理的安全使用技术，有效控制农产品质量安全风险；简单快速的样品前处理、准确高效的快速检测及精准检测技术，有效监测农产品质量安全。

三、创新技术

食品及农产品的冷链物流技术是一门综合技术体系，目前，体系正向着综合控制的方向发展，包括快速检测、物理控制、化学控制、机械控制和生物技术控制。针对多样化的消费模式，主要从5个方面进行创新：品质控制、质量安全、检测技术、保鲜材料、体系标准。目前，主要有以下7项创新技术。

（1）农产品内部品质信息的非接触快速感知技术：可移动式农产品内外品质快速无损检测与分级装备，用于冷链物流体系的农产品在线检测与精确分级。

（2）气体传感预测分析技术：通过研究农产品在静态气调贮藏与动态物

流环境中气体成分及相对湿度对农产品保鲜品质的影响，建立农产品品质感知的气体传感预测分析。

（3）精准贮藏技术：精准贮藏是由动态修饰气调技术和细胞膨压调控技术支撑的，其中，动态修饰气调是根据农产品在不同贮期的不同生理状况对贮藏气体参数加以精确处理；细胞膨压调控是通过温度、相对湿度、表面控制程度、流体速度等有关的热动力学特性调控技术以及相应的组织膨压变化的测试技术，维持果蔬细胞膨压的完好，实现其质构的调控保鲜。

（4）新型保鲜材料及保鲜剂：多功能聚烯烃基保鲜膜，集纳米防霉、微孔透气、防雾化和脱除乙烯等多层次保鲜功能；防腐型、防褐型、护绿型和增光型等多功能可食性涂膜保鲜剂及保鲜技术。

（5）基因工程保鲜技术：基因工程保鲜技术将进行农产品完熟、衰老调控基因、抗病基因、抗褐变基因和抗冷基因的转导研究，从基因工程角度解决产品的保鲜问题。

（6）品控管理快速检测技术：以冷链物流过程中的微生物、重金属、农药残留、违禁食品添加剂等危害因子为对象，建立新型检测方法，研发满足需求的快检试剂条、试剂盒及配套设备仪器。

（7）农产品采后病害及发病机理研究：采后病害及发病机理研究将进行果蔬采后腐烂的病原学，感病植物组织的生理变化，病原微生物发展的环境条件、寄主、病原菌及其环境相互的影响，采前因素对采后病害的影响，果蔬采后腐烂的控制措施 5 个方面进行研究。通过采后病害及发病生理研究，为冷链物流过程中农产品腐烂的控制措施研究奠定理论基础。

四、发展趋势

冷链物流正以标准化、自动化及配套化等多元化的管理和控制模式发展着，同时也代表着一个时代的特征和发展趋势。

1. 促进冷链物流发展的支撑

加大政府投入，创造良好的营运环境。政府通过优惠政策和资金扶持，制定法律法规、国家标准和执法检查监督，使农产品冷链物流业健康、有序发展。

2. 促进冷链物流发展的基础

发挥协会作用，加强行业协调和自律。冷链物流的行业协会在政府与企业之间起着桥梁与纽带作用，在完善行业管理过程中发挥着重要作用。一方面，协会积极宣传政府的交通方针、政策和法规；另一方面，协会代表企业利益且反映企业的需求，对完善物流政策和改善企业经营提出意见和建议。

3. 促进冷链物流发展的前提

完善相关法律及标准，推进专业认证。农产品及食品的冷链物流包括原料生产、加工、运输、配送、销售的全过程。在供应链的每个环节都可能因为操作不当而出现产品质量与食品的安全问题。因此，完善法律、健全标准、推进认证是必不可少的。

4. 促进冷链物流发展的保障

鼓励技术创新，推广先进技术管理手段。使用先进的产地加工技术，提高产品质量、延长保鲜期。在贮藏技术装备方面，积极采用自动化冷库技术，包括贮藏技术自动化、高密度动力存储电子数据交换及库房管理系统；在运输技术与装备方面，冷藏运输技术经历了公路冷藏运输、铁路冷藏运输、水路冷藏运输、冷藏集装箱多式联运；在信息技术方面，冷链物流要实施全程温度控制管理，必须依靠先进的信息技术。

5. 促进冷链物流发展的核心

促进质量安全及风险评估的体系建设。加大冷链物流体系的质量安全风险理论和关键技术研究，建立冷链物流质量安全风险监测、评估与预警技术体系；加强农产品中主要污染物残留、富集、迁移及消解动态研究，建立冷链物流质量安全过程控制技术体系和溯源追踪技术体系；加强冷链物流中农产品质量安全检验检测技术研究及产品研发，建立冷链物流质量安全监测技术体系；加强冷链物流质量安全标准研究和标准物质研究，健全农业标准体系，为提升我国冷链物流质量安全水平提供强有力的技术支撑。

第四篇

2016年秋季学期
物流名家讲堂

IV

第一讲

物流业的创新思维

崔介何

◆ 作者简介

崔介何，北京物资学院二级教授，首届北京市高等学校教学名师，中国物流学会常务理事，中国物流与采购联合会企业综合评估委员会委员，国家教委物流专业教学指导委员会创办人之一，第1届教学指导委员会委员，2011年评为北京市高等教育精品教材立项学科评审专家，5A企业认证评审专家。

崔介何一直致力于物流理论与实践的研究，主要代表著作有《物流概论》《物流学》《企业物流》《物流学概论》《电子商务与物流》《北京物流蓝皮书》《现代物流管理教程》等。崔介何教授曾获中共北京市委、北京市政府颁发的第九届哲学社会科学优秀成果二等奖、北京市哲学社会科学“十五”规划优秀奖、国家国民经济动员办公室优秀论文奖、中国物流学会优秀论文奖、宝供物流促进奖，北京市高等教育教学成果奖等。《物流学》和《物流学概论》两部教材被教育部指定为普通高等教育“十一五”国家级规划教材；作者主讲的物流学概论课程被北京市教育委员会评为北京市精品课程。

一、中国物流业现状

2016年，中国规模以上港口吞吐量居世界第一、航空货物中转量居世界第二、内河航运里程居世界第一、公路货运量居世界第一、快递量居世界第

一、铁路货物中转量居世界第一、铁路货物发送量居世界第一、高速公路和高铁里程居世界第一。但是，中国目前只是物流大国，没有达到物流强国的水平，发展空间很大。加快发展现代物流业，对于促进产业结构调整、转变发展方式、提高国民经济竞争力和建设生态文明具有重要意义。

目前，我国物流业的主要发展形势，基本吻合 2014 年国务院常务会议通过的《物流业发展中长期规划》。2016 年政府工作报告中提及物流 3 次：第 1 次是“降低企业交易、物流、财务、用能等成本”；第 2 次是“完善物流配送网络，促进快递业健康发展”；第 3 次是“构建沿线大通关合作机制，建设国际物流大通道”。另外，报告中提及公路 5 次：第 1 次是“扩大有效投资，设立专项基金，加强水利城镇改造，加强中西部铁路等薄弱环节的建设”；第 2 次是“高速公路里程要超过 12 万千米”；第 3 次是“加强重大的基础设施建设，高铁运输里程要达到 3 万千米，覆盖 80% 以上的城市，新建高速公路通车里程要达到 3 万千米，实现城乡宽带网络全覆盖”；第 4 次是“完成铁路投资 8000 亿元以上，公路投资 1.6 万亿元”；第 5 次是“加大农村基础设施建设，新建改建农村公路 20 万千米，已经具备条件的乡镇要加快通硬化路”。可以看出，我国对物流业非常重视。

二、无车承运人

无车承运人是在物流领域顺应改革的探索，对货运市场的发展具有重大影响。无车承运人是以承运人身份与托运人签订运输合同，承担货运人的责任和义务，通过委托实际承运人，完成运输货物的经营者。无车承运人实际上是通过互联网技术来获得社会上的大量信息，通过这些信息平台，管理和组织整个的货运业务。

无车承运人模式是一种创新的模式，可以集约、整合、调度整个社会的车辆，调度社会的场站、货源、整个物流的资源，从而将其集合起来有效地提升整个运输组织的效率。这种方式优化了物流市场，对规范物流市场主体的经营行为具有非常重要的作用。

（一）美国

1980 年，美国开放了货运市场，允许运输企业运用更加灵活的经营方式。

当时，北美最有实力的第三方后勤物流公司之一罗宾逊全球货运有限公司成立了无船承运人业务，将社会上零散的运力集合在一起。1997 年，罗宾逊公司将海运中无船承运人的思想运用到了陆运服务领域中，向无车承运人转型。此后，罗宾逊公司开始快速发展，从一个小型的运输公司发展成为全球最大的无车承运人。公司经营范围遍及美国、加拿大、墨西哥以及南美、欧洲和亚洲。罗宾逊公司服务了 50000 家货主企业，整合了 100 万卡车，年订单量 1500 万单，市值近 150 亿美元，占据美国 30% 的市场份额。作为非资产物流供应商，罗宾逊公司并不拥有运输工具和其他固定资产，而是侧重于利用其遍布全球的网店和信息网络，以及先进的物流管理经验和客户资源，集约整合社会物流资源，为客户提供一体化的物流运输服务。

（二）中国

中美货运市场最大的差别是运力分散度不同。美国的运力基本都是小车队，所以罗宾逊公司调度运力的难度较小。而中国的运力是个体货车，一个车主只拥有一辆卡车，但移动互联网可以很好弥补这一差异，利用 App 调度运力的成本更低、效率更高。因此，无车承运人在未来依然有很大的生存空间。

在当前的运输市场，无车承运人逐渐成为运输组织的主体，发挥着整合物流运输资源、提升物流运作效率的作用。在发达国家，无车承运人已成为支撑现代物流和多式联运发展的核心。然而，目前中国运输行业的各项法规制度、标准规范仍然是建立在“有车承运”基础上的，“无车承运人”其“无车承运”模式与中国既有的“有车承运”管理制度相冲突，不仅使其难以获得合法的经营资格，而且在税收、异地设点等方面存在诸多障碍。

2016 年 8 月 26 日，交通运输部办公厅印发《关于推进改革试点加快无车承运物流创新发展的意见》。提出“为贯彻落实中央国务院关于大力推进‘大众创业，万众创新’的‘互联网 +’行动计划的有关部署，鼓励无车承运物流创新发展，加快完善与新经济形态相适应的体制机制，提升服务能力，推进物流供给侧改革，促进物流业降本增效，经交通运输部同意，决定在全国开展道路货运无车承运人试点工作”，这表明我国无车承运人的发展进入新的阶段。

第二讲

面向生鲜农产品物流监测的传感技术与建模方法

张小栓

◆ 作者简介

张小栓，男，1978年出生，教授、博士生导师。2003年毕业于中国农业大学，获博士学位。先后赴英国哈珀·亚当斯大学、朴次茅斯大学、诺丁汉大学进行访学和合作研究。

张小栓教授主要从事信息管理与信息系统、食品质量追溯与物联网传感、冷链物流、智能物流与工业工程、物联网技术与应用的研究。主持完成或进行国家自然基金、欧盟 Switch Asia、欧盟 FP6 等多项国际合作、国家级、省部级项目。在国内外核心期刊发表学术论文60余篇，其中SCI收录论文26篇；合作出版专著2部，获国家发明专利4项、实用新型专利6项。以第一完成人获得教育部科技进步奖二等奖1项。荣获北京科技新星（2008），北京优秀人才（2009），教育部新世纪优秀人才（2011）等称号。

一、农产品物流与信息化需求

（一）农产品物流现状

随着城乡居民消费水平和消费能力的不断提高，中国生鲜农产品的消费规模快速增长，居民对农产品的多样化、新鲜度和营养性等方面提出了更高要求，特别是对食品安全的关注程度不断提高，消费结构由温饱型转为营养调剂型，追求品质和安全。加快发展农产品冷链物流已经成为提升农产品消费品质、减少营养流失、保证食品安全的必要手段，是满足居民消费需求的必要保证。

近年来，中国生鲜农产品产量快速增加，每年约有 4 亿吨生鲜农产品进入流通领域，冷链物流比例逐年提高。目前，果蔬、肉类、水产品冷链流通率分别为 5%、15%、23%，冷藏运输率分别为 15%、30%、40%，冷链物流规模快速增长。但是，与欧美发达国家相比，中国鲜活农产品冷链流通的比例依然偏低，美、加、日等发达国家肉禽冷链流通率已经达到 100%，蔬菜、水果冷链流通率也达 95%。长期以来，中国农产品产后损失严重，果蔬、肉类、水产品流通腐损率分别达到 25%、12%、15%，仅果蔬一类每年损失就达到 1000 亿元。

（二）农产品物流存在的问题

品质退化与衰减是生鲜食品物流过程区别于工业品的最大特点之一。但目前，中国冷链物流各环节缺乏系统化、规范化、连贯性的运作，部分在屠宰或储藏环节采用了低温处理的产品，在运输、销售等环节又出现“断链”现象，全程冷链的比率过低。因此，农产品物流服务过程的增值效应不明显，风险较大。

（三）应用信息技术提升物流管理水平

应用信息技术来实现物流全程的质量监控，保证生鲜食品的质量和安全。质量安全监管要根据关键控制点的要求，对物流过程的环境信息变化进行实时监测和预警，减少过程损耗。随着物联网技术的发展与应用，物流业将逐渐发展成为集“智能可追溯网络系统、智能配送可视化管理网络、全自动物流配送中心”为一体的新型物流体系。

二、基于物联网的生鲜食品物流监测框架

基于物联网的生鲜食品物流监测体系的功能包括以下 4 点。

（1）全面感知信息。通过实时监测系统，对物流过程的微环境参数（温度、湿度、气体成分等）进行实时感知、采集和处理。

（2）实时传输信息。采集的信息通过无线实时通信，远程传输至决策管理系统，并实时记录。

（3）智能处理信息。决策管理系统负责现场传感数据的远程实时监控、处理、存储、预警查询、决策管理及发送控制指令等。

（4）动态指示品质。实现物流品质的动态指示。

三、面向水产品保活运输监测的关键技术

不同的活体水产品具有不同的生活习性和运输要求，一般包括6类运输方式：机械运输（开放式和密闭式）、低温运输（机械制冷法和保温法）、充氧运输、麻醉运输（化学麻醉和物理麻醉）、休眠运输（生态冰温区和梯度降温法）、模拟保活运输（模拟运输对象的自然生活环境条件）。为了提高运输存活率、降低成本，实际作业过程可以根据待运对象生理特征和运程等进行合理组合。

（一）低温无水保活技术

以鲟鱼为实验对象，禁食暂养1～2天，以排空体内代谢物，之后进行梯度降温驯化、休眠，以让鱼体失去平衡。托盘包装后进行间歇喷淋加湿、温控、充氧运输，运输时间10～32小时，温度范围1℃～3℃，波动≤0.2℃，湿度范围60%～90%，波动≤10%，充氧与运鱼量1.5升/千克。转移到驯化池后，让鲟鱼自由游动并梯度升温唤醒，最后转移到目的地暂养2～3天，整个过程保活率可达98%。跟踪监测鲟鱼保活运输过程，运用多传感监测节点获取鲟鱼运输过程中的温度、pH酸碱度、溶解度等关键参数，对比分析其养殖环境与运输环境的异同，为溶氧控制和温度控制提供了理论方程，最终通过优化水产品运输过程中的环境因素，可使水产品处于最佳生活状态，提高水产品的保活率。

（二）无水保活的生物传感技术

面向水产品无水保活的生物传感技术包括微型血糖传感器、微型乳酸传

感器、微型皮质醇传感器、无线传感移动网。

水产品应激水平生物传感响应机理：依据葡萄糖酶、乳酸氧化酶、胆固醇酯酶与血浆中血糖、血乳酸、固醇反应产生微电流，微电流的弱信号经放大滤波形成指示强信号，无线传输指示信号用于在线动态检测分析和处理。

（三）有水保活运输的传感技术

面向水产品有水保活运输的传感过程：在线精准监测水产品保活运输中 CO_2（二氧化碳）、NH_3（氨气）等气体参数，智能预测代谢的有害气体累积量并控制增氧、除氨减碳，创造优化的运输微环境。

四、冷链物流品质动态诊断与指示技术

对于冷链运输，如何保障温度分布均匀十分重要。在实际监测过程中，通过指示特定参数的变化，实现物流过程中动态地、定性地指示农产品品质，检测技术包括腐败程度指示器、成熟度指示器、时间－温度指示器、气体或气味指示器。

动态诊断与指示的原理是基于等量线匹配的时间温度指示器（Time Temperature Indicators，TTI）的评估方法，并从理论与实证进行了证明。TTI 模糊推理预测方法是利用模糊推理理论，根据 TTI 响应值预测农产品品质。

可以通过实验检测生物信号并建立传感器信号、鱼血液变化、品质口感三者之间的联系，从而预测鱼运输的环境、积累血液变化、品质口感之间的关系。在冷链运输中进行传感和建模，其中，传感主要是为获取微环境信息，建模主要是对微环境信息进行处理。通过获取的微环境信息可以获取货架期，通过冷链相关品质动态诊断仪可以将结果更直观地传递给消费者。

五、研究展望

随着物联网理念引入、技术提升、政策支持，相信未来物联网将给生鲜食品物流业带来革命性的变化，未来农产品物流的发展趋势将呈现智慧化、绿色化和品控化的特征。智慧化物流可通过多技术融合实现物流信息的全面感知，同时，可促进供应链与生产系统的全面融合；绿色化物流可全程实时

跟踪，增强信息透明度、准确度和及时性，减少物流不确定性和盲目性，降低物流过程能源消耗及温室气体排放量；品控化物流可以通过技术集成，以流通品质控制为核心，形成物流“主动式”控制理念，保证全流通过程品质可度量、可视化和可控制，形成保障物流品质的完整体系。

第三讲

物流业融入国家发展战略

姜超峰

◆ 作者简介

姜超峰，1982年毕业于复旦大学经济系，获学士学位。高级经济师，北京交通大学客座教授，国务院特殊津贴专家，我国著名仓储物流学专家。历任中国物资储运总公司常务副总经理、中储发展股份有限公司副董事长、中储发展股份有限公司监事会主席。现任中国物资储运协会名誉会长，中国物流学会副会长、全国物流标准化委员会委员、中国海事仲裁委员会物流仲裁员、物流企业等级评审委员、国际道路运输联盟（IRU）中国事务组成员、北京中物联物流规划研究院技术指导专家、北京中物联物流规划研究院“全面质量管理委员会”内部审核评审组副组长等职务。姜超峰会长多年从事现代仓储物流、供应链管理等领域的研究工作，尤其是长期致力于金融物流领域，将仓单质押业务延伸为金融物流业务，推进了企业从传统储运向现代物流企业的转变，解决了中小企业贷款难等问题。发表多篇物流研究文章，承担了科技部、国家发展和改革委员会、国务院国有资产监督管理委员会、工业和信息化部、商务部等部委多项重大课题研究，提出涉及物流企业分类、物流园区建设和宏观物流产业政策的多项创新性理论。

一、中国物流业新形势

（一）经济增速放缓

2010 年，中国国内生产总值（Gross Domestic Product，GDP）增长 15%，2011 年 GDP 增长 17.8%，2015 年 GDP 增长 6.9%，2016 年 1—3 季度 GDP 增长 7.4%，与 2011 年相比 GDP 增速下降 10%，经济增速放缓。

资源环境方面，中国石油、天然气资源不足，煤炭资源无序开发、浪费严重，铁矿、铜矿、铝矿、镍矿、木材、纸浆对外依存度大，空气、水资源污染严重，耕地“红线”不保，劳动年龄人口持续下降，劳动力等要素成本上升，资本边际效益下降，高投入、高消耗、偏重数量扩张的发展方式已经难以继续下去。而中国各级政府债务占 GDP 的比例达到 40%。因此，中国目前的情况就是“需求不减，供给不足”。

1. 科技经费投入

2014 年全国科技经费投入统计公报显示，全国共投入研究与试验发展（R&D）经费 13015.6 亿元，研究与试验发展（R&D）经费投入强度为 2.05%。国内发达地区的经费投入强度都比较高，但重庆作为中央直辖市，其经费投入强度只有 1.42%，表明中国后发优势不足。

2. 固定资产投资

根据国家统计局统计数据，2010—2016 年上半年，我国固定资产投资额逐年下降，表明我国近几年产能不足，GDP 也受到很大影响。

3. 仓储业投资

根据中国仓储业运行动态及投资规划研究报告显示，2006—2016 年上半年，我国仓储业投资额逐年增加，但增长率变化并不稳定，大多数年份增长率都在 20% 以上，只有 2016 年增长率突然降到 6.5%。

4. 国民经济

判断一个国家经济是否景气主要看国民经济中的 3 个指标：固定资产投资、社会商品零售总额、进出口总额。但这三项指标有滞后性，因此，还要看克强指数，包括铁路货运量、用电量、贷款发放量。2016 年，中国经济形势不是特别乐观，但依然保持一定的增长速度。

5. 银行不良资产率

2015 年，中国商业银行不良贷款余额 12744 亿元，不良资产率 1.67%，净利润 15926 亿元，资产利润率 1.1%，资本利润率 14.98%，利息差 2.54%。其中，不良资产率为近十年最高。

（二） 体制改革的障碍

1. 把握创新与监管的分寸

中国行政体制改革依然任重道远，需要把握创新与监管的分寸。目前，中国还没有找到市场主导和政府指导的结合度；没有磨合好自由经济和计划经济；没有处理好虚拟经济和实体经济的关系；缺乏解决贫富差距大的方法。

2. “法无禁止皆可为” 的前提是法规健全

李克强总理强调“法无禁止皆可为”，但前提是法规健全、无重大缺陷。现在新事物不断涌现，但是法律法规的制定和修订都比较缓慢。

（三） 转变结构， 提升质量， 全面对外开放

中国将在很长一段时间实施转变结构、提升质量和全面对外开放的战略。目前，中国经济整体处于过剩状态，产能、产品、资本都过剩。因此，中国急需扩大国际市场，打破经济壁垒，实现商品输出、资本输出、人口输出。

“一带一路”倡议可以使更多的企业走出国门，融入世界经济。但中国的大多数企业还不具备引领国际的能力，缺乏驾驭复杂经济系统的能力。

（四） 供给侧改革

中国市场供给过剩和结构不平衡的原因：中国企业家和主导者的知识结构、能力结构大体相同，比起追求事业，更多的人选择追求财富；知识产权和创新成果的法律保障不完善；项目监管和审批制度“刺激”了大项目；政府补贴、贴息、返还等优惠政策，使落后企业“僵而不死”。

应该全面客观地看待经济形势，用严谨科学的方法分析经济周期、行业发展动力要素。居安思危、独立思考、坚定信心。

二、物流相关政策

近 10 年国务院颁布了许多和物流相关的文件，其中，比较重要的有：

《物流业调整和振兴规划》（国发〔2009〕8号）、《关于促进物流业健康发展政策措施的意见》（国办发〔2011〕38号）、《物流业发展中长期规划（2014—2020年）》（国发〔2014〕42号）、《关于推进城区老工业区搬迁改造的指导意见》（国办发〔2014〕9号）、《落实“三互”推进大通关建设改革方案》（国发〔2014〕68号）、《改进口岸工作支持外贸发展的若干意见》（国发〔2015〕16号）、《关于推进线上线下互动加快商贸流通创新发展转型升级的意见》（国办发〔2015〕72号）、《关于运用大数据加强对市场主体服务和监管的若干意见》（国办发〔2015〕51号）、《关于促进互联网金融健康发展的指导意见》（银发〔2015〕221号）、《关于积极推进“互联网+”行动的指导意见》（国发〔2015〕40号）。

国家对物流产业表现出了极大的热情，但需要指出的是，上述文件有重复、交叉、矛盾的地方，可以看出国家各部委间相协调的重要性。

三、物流热点问题

（一）城市货物运输

城市货物运输包括货车进城、快递运输工具、“最后一公里”、城市配送和共同配送、生鲜物流、多式联运、甩挂运输、车货匹配、货运代理等问题。

（二）物流节点

物流节点包括物流园区、配送中心、收派站点（分布、功能、运营、安全）、管理（设备、人员、财务、业务、产品）等问题。

（三）标准化

标准化包括包装模数、车辆尺寸、设施设备、作业标准、管理标准、安全规范等问题。

四、“一带一路”倡议

（一）背景

“一带一路”倡议在全球经济缓慢复苏的背景下提出的。当时，发达国家经济增长缺少动力，高福利国家的需求层次、科学技术无重大突破，政府财政赤字；中等国家急需突破，迈向强国；贫困国家资源匮乏、科技落后、国力羸弱。并且，由于中国经济扩张过快，导致其基础不稳、初级产能过剩、产品过剩、资本过剩，全球经济期待中国经济的增长，大宗商品、石油、天然气、矿产等急需大市场。

（二） 意义

（1）以共商、共建、共享的原则，积极打造“中蒙俄、新亚欧大陆桥、中国—中亚—西亚、中国—中南半岛、中巴、孟中印缅”6 大经济走廊。海上以重点港口为节点，共同建设通畅、安全、高效的运输大通道。

（2）以西部地区作为我国对外开放前沿，将欧亚非三大陆连接在一起，缩短距离，更大范围利用资源。

（3）提高产业结构升级调整的稳定性，促进经济现代化的快速实现。同时，提高人口密度，维护社会的秩序与稳定。

（4）形成了组织内外的多重战略性对接，如与俄罗斯的欧亚经济联盟对接、与欧洲的容克计划对接、与哈萨克斯坦的光明之路对接、与蒙古的草原之路对接、与土库曼斯坦的强盛幸福时代对接、与英国的北部开发计划对接、与韩国的欧亚倡议对接。

（三） 难点

（1）各国政治、经济、法律、文化有很大差异。包括国家安全的敏感度、贸易壁垒和非贸易壁垒、口岸管理的政策、民族矛盾的冲突与防范等。

（2）市场的成熟度不高。就中国外贸而言，商品贸易因为外需疲软和劳动力成本上升，已经不具备明显的价格优势。

（3）方案与人才储备不足。我国熟知国际贸易法、商法、金融法等国际规则的人才不多。

（四） 物流特点

丝绸之路经济带的物流特点包括以下 9 点。

（1）运输距离长：东西长 1.3 万千米。

（2）运输成本高：国内 0.14 元/吨·公里，国际 0.55 美元/箱·公里。

（3）连通国家多：连通 50 多个国家地区。

（4）人口密度低：其中，中亚 15 人/平方千米。

（5）大宗商品多：矿产、粮食、棉花、水果。

（6）流量不对等：货品、运输工具。

（7）需求多样性：民族需求多样。

（8）环保要求高：生态脆弱。

（9）两端呈扇形：走廊两端扇形集散。

（五）中欧班列

中欧班列分别由阿拉山口（霍尔果斯）、满洲里（绥芬河）、二连浩特出境，据此分为西、中、东 3 条通道。其中，阿拉山口开行 19 条班列、满洲里开行 17 条班列、二连浩特开行 3 条班列。

截至 2015 年 10 月，重庆、天津、武汉、成都、郑州、苏州、东莞、营口、合肥、广州、长沙、义乌、哈尔滨、石河子、乌鲁木齐、昆明、贵阳、库尔勒、厦门、兰州、长春、盘锦、临沂、伊犁、武威、奎屯，共计 26 个城市开通了 39 条中欧国际货运班列路线。

五、“互联网 +” 战略

（一）电子商务

电子商务是以信息网络技术为手段，以商品交换为中心的商务活动。电子交易是电子商务的组成部分，电子交易的核心是默认的交易规则，众多的交易量，资金和货物的安全。电子商务发展的前提条件是政策法规的支持、安全便捷的支付手段、信息技术的发展、开放的金融系统、开放的物流系统、开放的口岸管理系统。

（二）跨境电商

跨境电商是指分属不同关境的交易主体，通过电子商务平台达成交易、进行支付结算，并通过跨境物流送达商品、完成交易的一种国际商业活动。目前，电子商务平台存在 6 个问题：以电子商务为名义进行集资；电商平台众多；商业模式模糊、同质化竞争多；人为制造交易额；盲目追求交付的速度，造成浪费；电商平台公信力不足。

六、自由贸易区

中国第一批自贸区是上海，第二批是天津、福建、广东，2016 年，第三批自贸区确立完毕，包括辽宁、浙江、河南、湖北、重庆、四川、陕西 7 个省市。自贸区的核心是降低交易成本，关键是要处理好放宽监管和维护经济安全之间的关系。自贸区的特点主要包括 7 个方面：投资贸易便利化；金融创新市场化；法制环境规范化；服务体系完善化；监管高效便捷；基础设施完备；简政放权、放管结合、优化服务。

第四讲

大数据管理应用与科学研究

冯耕中

◆ 作者简介

冯耕中，西安交通大学管理学院教授、博士生导师，“过程控制与效率工程”教育部重点实验室主任；国家级专业技术人员继续教育基地（陕西省科技资源统筹中心）教学指导委员会主任。

中国物流学会副会长，全国物流标准化技术委员会（SAC/TC269）委员，全国物流标准化技术委员会物流管理分技术委员会（SAC/TC269/SC4）副主任委员，中国物流与采购联合会物流企业综合评估委员会委员，中国物流与采购联合会物流园区专业委员会专家委员会副主任，中国物流与采购联合会大宗商品交易市场流通分会专家委员会主任，现代物流重庆市重点实验室学术委员会委员。

中国系统工程学会常务理事，中国系统工程学会青年工作委员会主任委员，西安系统工程学会理事长。

中国科学技术协会决策咨询专家；联合国亚太经济社会委员会（UNESCAP）项目研究与咨询专家；中国电子商务创新推进联盟专家委员会委员；中国电子商务物流企业联盟副会长兼专家委员会副主任；陕西省大数据与云计算产业技术创新战略联盟副理事长；陕西省两化融合管理体系服务联盟专家。

一、背　景

1997 年，根据中国互联网络信息中心（China Internet Network Information Center，CNNIC）的第一次调查，中国有 62 万网民。2014 年，中国已有 7 亿多网民，是 1997 年的 1000 倍（CNNIC 对网民的定义：平均每周使用互联网至少 1 小时）。互联网已经渗透消费者生活的各个方面。

大数据是由著名未来学家阿尔文·托夫勒 1980 年在《第三次浪潮》一书中首次提出，它是指以多元形式，由许多来源收集而来的庞大数据组，往往具有实时性。大数据具有“5V”特点：Volume（大量）、Velocity（高速）、Variety（多样）、Value（价值密度）、Veracity（真实性）。

二、各国大数据现状

全球大数据市场结构正在从垄断竞争变成完全竞争，更多的企业进入大数据领域中，技术门槛在不断降低，竞争也越来越激烈。大数据在全球的重点应用领域包括教育、交通、风电、金融等。

（一）美国

美国是大数据发展的“领跑者”。2013 年 3 月 29 日，奥巴马政府在白宫网站发布了《大数据研究和发展倡议》，提出将通过收集庞大复杂的数字资料来获得知识，以提升能力，并加快科学、工程的发展，强化美国国土安全，转变教育和学习模式。美国希望利用大数据技术在多个领域实现突破，包括科研教学、环境保护、工程技术、国土安全、生物医药等领域。

（二）欧盟

欧盟也制定了大数据的发展战略，主要包括 3 个方面。

（1）制定数据价值链战略，旨在通过一个以数据为核心的连贯性欧盟生态体系，让数据价值链的不同阶段产生价值。

（2）资助“大数据”和“开放数据”领域的研究和创新活动，还启动了“连接欧洲设施计划”，促进数字基础设施建设。

（3）开放制定公共信息再利用的发挥和数据再利用的规则，支持公共部门信息开放活动，搭建开放数据平台。

（三）中国

1. 大数据的发展阶段

中国大数据大致可以分为 3 个发展阶段。

（1）探索阶段（2009—2011 年），研究人员发现了大数据的发展潜力，相关企业开始进行探索。

（2）市场启动阶段（2012—2013 年），更多的企业进入大数据领域，竞争逐渐激烈。

（3）高速发展阶段（2014 年至今），市场上不断出现新的商业模式、新的技术、新的应用，大数据的发展逐渐进入成熟期。

2. 大数据的应用

大数据在我国的应用主要包括大数据医疗、大数据基因、大数据金融、大数据电商精准营销、大数据交通、大数据体育、食品餐桌安全等。另外，大数据的应用领域也在不断创新，主要包括两类：第一类是建设大数据园区，第二类是建设大数据交易所。

3. 大数据的区域建设

中国的大数据建设主要集中在 4 个区域：京津冀地区、长三角地区、珠三角地区、中西部地区。在京津冀地区，中关村是互联网发展的重要推动力量，在“京津冀”一体化的发展背景下，已经初步形成了“在中关村技术研发—天津装备制造—张家口、承德数据存储”这样分工合理、协同发展的京津冀“大数据走廊”；在长三角地区，杭州既有云服务基础设施提供商，又有云工程和云服务提供商，还有很多云应用企业，在大数据的竞争中十分有优势；在珠三角地区，广东的大数据产业呈现了“广深引领、珠三角集聚、粤北东西紧随”的局面，全省 21 个地市中有 12 个地市专门设立了大数据管理机构；在中西部地区，贵州作为中国大数据产业创新试验区，立足打造从研发到收集、挖掘、分析、处理、应用等的大数据全产业链。

三、大数据管理

在 2010 年的《规划数字化的未来：美国总统科学技术顾问委员会给总统

和国会的报告》中提到如何收集、管理和分析数据逐渐成为网络信息技术研究的重点。大数据不仅需要进行数据的挖掘和分析，还要注意数据的质量问题。所以，在信息化建设当中，除了对软、硬件网络进行管理外，更要注重管理数据质量。另外，对大数据进行管理时，专业化的数据管理服务团队也非常重要。

四、大数据产业链

目前，大数据产业链主要包括两个部分：第一部分是以技术为中心的价值链，包括大数据的基础设施、大数据的组织与管理、大数据的分析与发现、大数据应用与服务。第二部分是以数据产品为中心的价值链，包括数据资源层、数据价值层和数据应用层。其中，数据资源层主要解决大数据的生产和聚集；数据价值层包括大数据的组织、管理、分析、应用、发现；数据应用层包括大数据的分析服务等。

五、大数据的发展趋势

未来，随着大数据的发展，大数据市场将会有以下变革。

（1）大数据将成为重要的国家战略。

（2）将会出台保护数据隐私的相关法律。

（3）大数据与云计算将深度融合。

（4）数据挖掘的方法将发生变革。

（5）出现大量的以数据为中心的解决方案和应用。

第五讲

物流系统及其未来

关根　裕（日本）

◆ 作者简介

关根　裕，1991年3月，毕业于东京理科大学。1991年4月，入职日本通运株式会社，在信息系统部系统总括课工作。1994年10月，调任总务部工作，作为海外研修生派驻英国日本通运（株）。2005年1月，调任总务·劳动部工作，派驻美国日通（株），担任信息系统部课长。2011年4月，调任东京航空支店信息系统中心，担任国际货物系统企划课长。2013年12月，调任总务·劳动部工作，派驻香港日本通运（株），担任东亚地区资讯科技中心次长。2015年10月，香港日本通运（株）担任东亚地区资讯科技部部长。

一、信息系统的历史

（一）1950年以前

1950年，信息系统是以企业制造为中心的狭义的信息系统。它主要以企业财务部门的数据为处理对象，以企业的高效率为目的，一般只有大型企业能够承担建设物流信息系统的费用。当时，信息系统被称为EDP（Electronic Data Processing）系统或者ADP（Automatic Data Processing）系统，提供数据处理的服务。

（二）1950—1970年

这个时期，信息系统进入了在线集成处理的IDP（Integrated Data Processing）时代，信息处理方式过渡到在线处理，处理对象也扩大到生产管理等直接部门。1965 年，日本在当时的铁路上，包括 2014 年开通的东海道新干线上，都建立了座位预约系统，这是银行等大规模在线系统的先驱。随着大型系统的使用，信息系统的对象逐渐从“物”转向“服务”，从企业向社会乃至个人拓展。

（三）1970—1980 年

这是办公自动化和终端计算机的时代，以提高办公生产率为目标的办公自动化（OA）盛行起来，并掀起了 OA 热潮。相关的信息处理技术包括个人电脑、办公室电子计算机、文字处理机等 OA 设备，以及数据管理、文书处理等软件。从这个时期开始，个人电脑开始向低价化、高能化发展。

（四）1980—1990 年

企业开始在内部建立局域网，同时由于网络的普及，外部电脑与企业网络相连更加方便。个人电脑和移动设备的低价化、通信费用的下降，使得家庭办公室、移动办公这些新的工作形式出现，实现了信息共享。

（五）1990 年至今

互联网在信息系统方面的拓展具有重要意义。从商用通信供应商为用户提供接入服务开始，互联网在普通人群中开始普及。随之出现新的沟通方式，包括电子邮件、SNS（社交网络服务）等。企业与消费者之间也出现了新的沟通渠道，包括网上购物、拍卖等。另外，电话、智能手机的普及也给生活带来了很大变化。

二、物流系统

（一）物流系统的类型

物流系统可以分为两类：以“线”的方式支持物流系统，即运输管理系统（Transport Management System，TMS）；以“点”的方式支持物流系统，即仓库管理系统（Warehouse Management System，WMS）。

TMS 具备运行管理、配车计划、运费计算、货物位置管理、GPS 联动等功能。派生功能有查询货物位置信息、配送委托、制作报关资料、集装箱管理、制订货物装载计划等。

WMS 具备货物进出库管理以及库存管理等功能。通过仓库内的劳务管理、作业流程管理，提高入库到出库的一系列作业的效率。

（二）物流系统的流程

本文以 WMS 为例进行解释，WMS 包括 4 个模块：入库作业模块、库存保管模块、出库管理模块、业绩管理模块。

其中，入库作业流程：客户通过发单系统向供应商发送信息，同时向 WMS 发送入库指令，等货物到达后进行检验。工作人员先用手持设备扫描入库货品的条码，手工输入入库数量，检查入库指令数据与实物是否一致。检验通过后，输入或扫描存放的库位，输入存放的数量，放到相应库位后完成入库作业。

出库作业流程：出库与接单系统相连，接单系统向 WMS 发送出库指令，然后移动至拣货清单的指定库位，扫描库位条码，提取指定货品后扫描货品条码，并输入拣货数量。比较出库指令和已拣货货品的条码、数量是否一致，完成出库作业。

三、物流系统的未来

物流系统与其他行业系统的区别是，物流系统的重点放在人和物的流动上。长期以来，物流系统致力于研究如何让人的作业更加有效而无误。在生产现场，已经可以实现无人作业。但在物流行业，由于末端用户繁多、货品的形态各不相同、货物量的季节性波动、投资难以满足物流成本，导致实现全自动化比较困难。但是，随着自动驾驶、无人机等新技术的发展，物流系统将会在未来发生质的变化。

第六讲

智能物流的应用、创新和发展

吴　双

◆ 作者简介

吴双，2003年毕业于四川大学机械制造及其自动化专业，硕士研究生学历，研究员。国内物流技术装备专家，多次参加全国物流技术装备大会并发表演讲。现任北京机械工业自动化研究所物流技术工程研究中心副主任，硕士研究生导师，全国物流仓储设备标准化技术委员会委员。

吴双主要从事仓储物流系统开发、物流控制系统总体架构设计、标准化等工作。主持完成了蒙牛、伊利、华润、双汇、三全、三一重工、正大、扬子江和九州通等集团100余项物流设备集成工程项目。致力于自动化仓库、高速堆垛机、仓储物流自动化、信息化、集成化和物流装备、智能物流设备等方面的研究。特别是对自动化立体冷库有深入研究。解决了－25℃仓储条件下物流系统所涉及的关键技术，以及设备难题，成功研发了适于低温冷库的物流系统集成等核心技术。

一、前言

（一）物流

物流是物品从供应地向接收地的实体流动过程中，根据实际需要，将运输、储存、采购、装卸搬运、包装、流通加工、配送、信息处理等功能有机结合，实现用户要求的过程。物流管理是供应链的一部分，是为了满足客户的需要，对商品、服务以及相关信息，从产地到消费地的高效、低成本的流动和储存进行规划、实施和控制的过程。

（二）智能物流

智能物流在功能上要实现6个正确：正确的货物、正确的数量、正确的地点、正确的质量、正确的时间、正确的价格。智能物流在技术上要实现5个点：物品识别、地点跟踪、物品溯源、物品监控、实时响应。智能物流系统的原理包括4点：智能获取技术、智能传递技术、智能处理技术、智能运用技术。

智能物流有以下4个特点。

1. 智能化

智能化是指在物流作业过程中需要大量的运筹与决策。

2. 一体化和层次化

以物流管理为核心，实现物流过程中运输、存储、包装、装卸等环节的一体化和智能物流系统的层次化。

3. 柔性化

智能物流的发展突出“以顾客为中心”的理念，根据消费者需求变化来灵活调节生产工艺。

4. 社会化

智能物流的发展将会促进区域经济的发展和世界资源优化配置，实现社会化。

（三）中国制造2025

当前，新一轮科技革命和产业变革与我国加快转变经济发展方式相契合。

全球制造业格局发生重大调整：新一代信息技术与制造业深度融合，正在引发影响深远的产业变革，形成新的生产方式、产业形态、商业模式；基于信息物理系统（Cyber－Physical Systems，CPS）的智能装备、智能工厂等智能制造正在引领制造方式变革；网络众包、协同设计、大规模个性化定制、精准供应链管理、全生命周期管理、电子商务等正在重塑产业价值链体系。

我国经济发展环境正发生重大变化：新型“四化”（工业化、信息化、城镇化、农业现代化）的同步推进、超大规模内需潜力的不断释放，为我国制造业发展提供了坚实基础。各行业新的装备需求、人民群众新的消费需求、社会管理和公共服务新的民生需求、国防建设新的安全需求，都要求迅速提升制造业在重大技术装备创新、消费品质量和安全、公共服务设施设备供给和国防装备保障等方面的水平和能力。

二、传统制造企业物流现状

由于技术变革速度加快，产品生命周期缩短，企业的竞争日趋激烈，制造业控制库存成本和物流成本的压力也不断变大。目前，虽然有一部分企业向现代化物流管理迈进，已经步入物流设计、改造与应用的前列，但就总体水平而言，我国大部分企业的物流管理仍处于分散的、初步的功能性管理阶段，工厂对物流的重视程度不够，仅仅进行一些基本的功能性管理，规划不合理，管理简单粗放。物流活动分散导致企业物流成本增加；物流规划设计格局不清晰导致企业物流运作效率低下；物流扩建及流程优化难导致企业运营发展受损。

三、智能物流发展趋势

未来，制造企业将通过供应链上下游的整合发展，提高自身的反应能力和交付能力，达到智能制造的定制化、最优化、自动化、柔性化、可视化、低碳化6大愿景目标。智能制造是集智能工厂、智能生产、创新服务为一体的系统。其中，美国、日本的“再工业化”，德国的“工业4.0”，中国制造业的转型升级都是智能制造的表现。

四、应用案例

（一）离散制造业

西安西电高压开关有限责任公司（简称“西电”）是国家特高压、超高压及高压开关设备的研发和生产基地，是目前国内中、高压开关的引领企业。2015年，西电以提高自身产品品质、缩短加工周期、提高整体产值为目标，启动了开关电气有限智能工厂信息一体化项目，以实现“中国制造2025”的基本要求。

高压开关制造业生产是以定制化产品为主营产品的离散制造业，具有4个特点。

（1）产品结构相对固定，产品形态较为复杂，包含多个零部件。

（2）产品种类多、系列多，决定了企业物料的多样性。

（3）物料种类分为原材料、半成品、产成品、标准件等，同时物料规格、大小及环境等因素差异较大。

（4）装配车间需要物流仓储部门按需求配盘、及时配送，满足生产装配需求。

就离散制造业而言，物流仓储发展较快，由以前简单的机械搬运变为现在的高程度自动化，利用率提高、人员成本降低、管理水平提高、信息化程度提高，另外，订单处理模式也由以前的领料制、使用纸质单据变为配送制、自动化和服务电子化。

（二）化纤行业

我国纺织产业中化纤行业产量大、发展快，产生了同质化严重、过度竞争、产能过剩等问题。虽然中国有大批量生产的规模优势，但在处理纱锭上仍然需要大量人工，还没有实现自动化、信息化。

随着国民经济的快速发展，化纤生产企业取得了很大的进步，但是也面临很多问题：劳动密集导致劳动力成本高；用工荒成为常态导致劳动强度大；工人素质及责任心较差导致产品的降等损耗大；日常生产损耗大、成本高；产品产量统计难，信息追溯难度大；竞争加剧、产能过剩，自动化和信息化程度低。

自动化仓储系统可以有效解决目前化纤行业存在的问题。自动仓储系统可为用户提供最优的成品立体仓储方案，减少人工和占地面积，提高出入库效率及准确性。北京机械工业自动化研究所提供的专用物流输送设备、控制系统及软件、品种识别方法和自动分拣系统，取代了传统的人工输送、分级和包装作业，节省了劳动力成本，降低了工人的劳动强度，提高了效率和灵活性，使生产过程可视化。

五、物流仓储发展趋势

（一）冷库

食品加工、运输以及不断增长的土地成本使得市场对冷库的需求不断变大，冷库的机械化、自动化以及智能化提高了企业效率。

（二）物流配送中心

目前，很多企业开始打造多城市的物流配送中心网，通过计算机及网络实现资源的共享，加强物资流动的活力，从而提高企业效率。物流配送中心以其机械化、自动化和智能化的特点，可以节约企业的人工成本和时间成本，尤其在企业建设物流配送中心的同时，打造第三方物流功能，可以实现物流配送中心的自盈利功能。

（三）穿梭式智能仓储

穿梭式智能仓储可以满足高密度、高效率、自动化、低成本的物流存储需求，使用便捷、安全，得到了广泛的应用。系统硬件由穿梭板、高密度货架、堆垛机和输送机等设备构成，通过仓库智能信息软件系统统一管理、调度和优化，实现货物自动出入库。堆垛机和穿梭板是整个系统的重要组成部分，堆垛机完成货盘在仓库巷道内空间上的输送，穿梭板完成货盘在货架巷道内的直线输送，最大限度地利用空间。穿梭板通过堆垛机可进行自动搬运，可在各巷道、各通道间变换，实现先进先出或先进后出。与传统的单元巷道式立体仓库相比，穿梭式智能仓储可提高 20% 的存储容量，降低 10% 的建设成本，适用于冷链行业、军工行业、快消品行业等，并已成功出口欧亚等地区。

第七讲

产业互联网环境下供应链金融创新

宋　华

◆ 作者简介

宋华，1969年生于武汉，1995年获中南财经大学经济学博士学位，1997—1999年赴日本京都大学经济学部作博士后研究工作。现任中国人民大学商学院副院长、教授、博士研究生导师。我国知名物流专家，兼任中国物流学会副会长、北京现代管理研究会会长、中国管理现代化研究会副秘书长、商务部市场调控专家库专家、南开现代物流研究中心兼职研究员、中国物流与采购联合会物流金融专委会“中国物流金融智库专家”等职。

宋华主要从事物流与供应链管理、企业间关系与战略管理等方面的研究，特别是对供应链金融、服务商、战略采购以及双边关系和供应链柔性有深入研究。目前发表物流管理、供应链相关论文50余篇，并出版专著10余部。

一、供应链金融

传统金融服务是从单个行业出发提供的服务。当商业银行对融资公司做征信调查时，主要关注其财务报表、资产负债表和公司的治理结构3方面，而对供应链信息缺乏了解。

供应链金融服务是一种集物流运作、商业运作和金融管理为一体的管理行为和过程，它将贸易中的买方、卖方、第三方物流以及金融机构紧密地联系在了一起，实现了用供应链物流盘活资金、同时用资金拉动供应链物流的作用。其本质是以风险控制为“基”，以信息为“梁”，以信用为“柱”，促进金融资源与产业资产相融合，建设健康、和谐、安全的供应链服务平台。

总的来说，传统银行借贷跟供应链金融的区别主要体现在管理要素、业务流程和组织结构 3 个维度上。

二、产业供应链金融

供应链金融服务的提供者可以是进出口公司，也可以是供应商（生产企业）、互联网公司和金融机构等。

（一）生产领域

1. 生产制造业金融的特点

生产企业通过自身供应链的建设，特别是服务供应链的建设，形成以焦点企业为主导的、以上游供应网络和下游客户网络为基础的供应链服务体系，并且通过产业供应链服务化，尤其是金融资源的运用，实现供应链的顺利运营，稳定上下游，拓展供应链服务化的空间。

2. 制造业供应链金融的条件

（1）制造企业自身供应链网络的建成。

（2）依托自身供应链服务于上下游。

（3）自身可承担相应的风险，并管理供应链金融风险。

（4）具有强大的信誉和资源。

（5）具有良好的生产和技术能力。

3. 制造业供应链金融的优势

（1）有利于自身供应链的建设和发展，特别是稳定上下游关系。

（2）促进商流、物流、金融三个环节高效融合，有效降低供应链风险。

（3）拓展产业服务化的空间和领域，更好地通过金融打造产业供应链，同时通过产业供应链的发展，进一步带动金融资源的增值。

（4）实现产业与金融资源的高度融合。

（二）流通领域

1. 贸易流通金融的特点

借助企业贸易特别是采购代理的优势，使得企业可以控制贸易业务，并且通过进一步拓展物流业务，可以带动金融资源的延伸。

2. 贸易供应链金融的条件

（1）可以汇集行业中的供需信息。

（2）能较好地管理贸易双方的信用。

（3）具有较好的融资能力或与金融机构建立起良好的关系。

（4）具有组织和管理物流的能力。

（5）能把握贸易的全流程和各细节。

3. 贸易供应链金融的优势

（1）有利于掌控自身贸易业务，特别是上下游贸易往来。

（2）可通过金融实现贸易，但是业务的真正价值往往来源于金融的增值，而不仅仅是贸易本身。

（3）拓展贸易服务化的空间和领域，通过贸易信息的整合，将融资、物流服务、汇率管理进行整合。

（4）通过贸易信息和贸易过程控制供应链金融业务风险。

（三）物流领域

1. 物流金融的特点

物流金融是物流与金融有机结合的物流服务延伸产品。其特点是物流企业利用自身的服务能力，以及开展物流服务时对客户企业经营信息和商品流动信息的把握，以企业自有或银行认可的第三人的动产（或物权凭证）作为担保，由物流公司对其项下的动产进行监督与管理，并提供融资服务。

2. 物流供应链金融的条件

首先，物流公司具有良好的物流服务能力，并且与产业链客户企业具有很好的战略联盟关系。其次，物流公司直接或间接地在物流环节对动产进行操作和控制。

3. 物流供应链金融的优势

（1）有利于强化物流公司与客户之间的关系。

（2）通过金融拓展服务空间，带动物流业务的发展。

（3）不仅能为客户提供高质量、高附加值的物流与加工服务，还可为客户提供间接或直接的金融服务。

（4）提高供应链整体绩效和客户资本运作效率。

三、产业互联网供应链金融

供应链金融的进化阶段是从银行供应链金融到平台供应链金融，再到现在的互联网供应链金融。在互联网的大背景下，要实现互联网供应链金融（E2S），要注意以下 6 个方面。

（1）丰富的服务。由“O + O”发展到“O2O”，再发展为“O 融 O”。“O + O”是线上线下关系，一家企业的业务分两组，单纯的线上线下服务，互不关联；“O2O”是线上线下在很多环节上共同分享内部资源，包括物流；“O 融 O”是指结合线上线下平台，把采购、生产管理、物流、金融等相互结合，从中发现市场上有机遇的盲区，从而进一步扩张业务。

（2）客户归属。客户归属形容一家企业为业务关联企业带来价值的能力，要做到这一点就必须渗透客户的底层服务。底层服务是能帮助客户或行业建构最基本的开放平台和构架，使之能低成本、高效率地展开供应链运营，甚至进行再创业的过程。

（3）价值回路。从现金流量周期（OA + ERP）到拓展的现金流周期（ERP + B2B），再到创造现金流周期（产业互联网平台），升级迭代为 E2S，最终实现金融目标。

（4）大数据运用。通过供应链运营和其他各种渠道获得相应的结构和非结构、静态和动态、生产和生活数据，严格把控大数据在金融中运用的“5W + H”的原则。“5W + H”原则包括为什么要数据、谁的数据、在何地/何时获得数据、需要什么样的数据、如何获得数据。

（5）共同进化的生态。共同进化的生态包括：内在外化的碎片化（把原来的“1”变成碎片）、外在内化的碎片化（把原来的碎片聚合成虚拟“1”）、综合碎片化（通过平台实现端对端的碎片聚合，即将一端众多碎片聚合的“1”与另一端众多碎片聚合的“1”对接在平台上）。

（6）产金融和。供应链生态的资产端与金融生态的资金端良好结合、互动。

在新时代，产业与金融共同进化，两者相互支撑、相互作用。

第五篇

2017年春季学期 物流名家讲堂

V

第一讲

物流发展任重道远，专业学习与时俱进

崔介何

◆ 作者简介

崔介何，北京物资学院二级教授，首届北京市高等学校教学名师，中国物流学会常务理事，中国物流与采购联合会企业综合评估委员会委员，国家教委物流专业教学指导委员会创办人之一，第1届教学指导委员会委员，2011年评为北京市高等教育精品教材立项学科评审专家，5A企业认证评审专家。

崔介何一直致力于物流理论与实践的研究，主要代表著作有《物流概论》《物流学》《企业物流》《物流学概论》《电子商务与物流》《北京物流蓝皮书》《现代物流管理教程》等。崔介何教授曾获中共北京市委、北京市政府颁发的第九届哲学社会科学优秀成果二等奖、北京市哲学社会科学“十五”规划优秀奖、国家国民经济动员办公室优秀论文奖、中国物流学会优秀论文奖、宝供物流促进奖，北京市高等教育教学成果奖等。《物流学》和《物流学概论》两部教材被教育部指定为普通高等教育“十一五”国家级规划教材；作者主讲的物流学概论课程被北京市教育委员会评为北京市精品课程。

加快发展现代物流业，对于促进产业结构调整、转变发展方式、提高国民经济竞争力和建设生态文明具有重要意义。

一、2016年中国物流发展

（一）总体运行态势

2016年，全年社会物流总额230万亿元，同比增长6%；社会物流总费用11万亿元，同比增加3%，增速与2015年基本持平；社会物流总费用与GDP的比率降至15%，物流运行质量和效益不断提高。中国物流景气指数全年均值55.2%，较2015年提高0.2%。

（二）市场供需结构

市场需求方面。在工业品物流中，高技术产业和装备制造业物流需求增长较快，全年增速为10%；与消费相关的单位与居民物品物流总额，全年增速达40%；与电商消费相关的快递业务量和业务收入全年完成分别为313.5亿件和4005亿元，分别增长51.7%和44.6%；“双十一”期间，中国电商物流指数上升为213.5点，较2015年上涨49点。

市场供给方面。车辆平均运输里程和运输时间不断提高。12月30日，中国出口集装箱综合运价指数为951.66点，较2016年年初上涨224.75点。中国物流企业向着规模化、集约化发展，A级类物流企业超过4000家。

（三）发展方式

1. 兼并重组、联盟合作

中国远洋运输（集团）总公司与中国海运（集团）总公司重组成立中国远洋海运集团有限公司；中储发展股份有限公司成为英国Henry Bath & Son Limited（简称“HB集团”）的控股股东，进入海外大宗商品期货交割仓库业务领域；安得物流股份有限公司与苏宁云商集团股份有限公司达成战略合作，共享全国范围网络资源；中国铁路总公司与海尔集团战略合作，开行海尔电器特需专列；菜鸟网络科技有限公司牵头成立“菜鸟联盟”，整合电商快递业务版图；货运市场推进加盟模式，德邦快递加盟事业部合伙人超过5000家，卡行天下加盟网点和线路超过10000家。

2. 跨界融合、平台整合

快递、快运、整车等细分物流市场互相渗透；物流园区从物业管理走向

“仓干配”市场运营，传化物流、林安物流相继推出相关货运产品；顺丰速运（集团）有限公司冷运食品陆运干线网启动，进入冷运全链条供应链市场；远成物流股份有限公司进入快递快运、冷链、供应链、地产等领域，提供综合物流服务；互联网平台企业积极向线下延伸，强化货源组织和服务体验，线上线下深度融合。

3. 供应链全链条服务

大批物流企业融入制造、商贸企业供应链，开展供应商管理库存、物流仓配一体化、供应链金融等业务，优化供应链协作关系。

海航物流集团有限公司以60亿美元收购美国英迈国际，布局全球供应链市场；招商局物流集团有限公司计划投资6亿元在无锡建设物流供应链集成服务项目；日日顺提出大件物流解决方案，提供仓储配送全程“无断点”服务。

4. 物流企业进入资本市场

北京长久物流股份有限公司、宝湾物流控股有限公司、圆通速递有限公司、上海申通物流有限公司等一批快递、物流企业相继登陆A股市场；北京德利得物流有限公司、深圳市亚风速递有限公司、深圳市易流科技股份有限公司、广东安捷供应链管理股份有限公司等一批创新企业跻身“新三板”；卡行天下、运满满、贵阳货车帮科技有限公司、上海天地汇供应链管理有限公司等一批新兴企业吸引新一轮融资；平安银行股份有限公司、复星集团、红杉资本等金融机构加大对物流业投入，各类资本加快进入物流市场。

二、“互联网+”物流

7月20日，国务院总理李克强主持召开国务院常务会议，部署推进“互联网+”高效物流。一年来，以“互联网+”高效物流为标志的“智慧物流”快速发展，出现了行业新模式、新企业、新业态，具体表现在4个方面：“互联网+”高效运输、“互联网+”智能仓储、“互联网+”便捷配送、“互联网+”智慧物流。

（一）“互联网+”高效运输

目前，在货运市场上出现了许多“互联网+”创新模式：“互联网+”

车货匹配、“互联网＋”货运经纪、“互联网＋”甩挂运输、“互联网＋”合同物流等。“互联网＋”代表性企业有运满满、贵阳货车帮科技有限公司、卡行天下、正广通供应链管理有限公司等。传统企业积极“触网”，如传化物流打造“物流＋互联网＋金融”的方式，构建中国智能公路物流网络运营系统。此外，中国物资储运总公司凭借自身资源优势，上线“中储智运”；中国交通运输部启动无车承运人试点工作，探索公路货运模式转型。

（二）“互联网＋”智能仓储

随着智能仓储在快递、电商、冷链、医药等高端细分领域的快速发展，北京京东世纪贸易有限公司、苏宁云商集团股份有限公司、顺丰速运（集团）有限公司等企业积极开发全自动仓储系统，使用智能仓储机器人，开展无人机配送，充分利用仓储信息，优化订单管理，大幅提高仓储作业机械化、自动化和信息化水平。

（三）“互联网＋”便捷配送

部分关注末端配送的平台型企业（日日顺、北京速派得物流信息技术有限公司、北京云鸟科技有限公司等）开始建设城市配送运力池，开展共同配送、集中配送、智能配送等，致力于解决“最后一公里”问题。快递物流企业开始改造末端节点，全国布设智能快件箱累计超过10万组。由于生活服务的需要，美团、百度、饿了么等推出即时配送，共享经济模式进入物流业。

（四）“互联网＋”智慧物流

货物跟踪定位、无线射频识别、电子数据交换、可视化技术、移动信息服务和位置服务等新兴技术在物流业得到广泛应用。

全国道路货运车辆公共平台入网车辆超400万台；菜鸟网络科技有限公司推出物流预警雷达、大数据分单路由、四级地址库等数据服务，推动智慧物流的发展；百度推出“物流＋互联网＋大数据”三位一体的智慧物流云平台。

三、“十三五”规划

国务院发布的《“十三五”现代综合交通运输体系发展规划》（以下简称

《规划》）提出：到2020年基本建成安全、便捷、高效、绿色的现代综合交通运输体系，部分地区和领域率先基本实现交通运输现代化的总体目标。根据《规划》，在“十三五”期间，交通运输总投资规模将达到15万亿元，其中铁路3.5万亿元、公路7.8万亿元、民航0.65万亿元、水运0.5万亿元。预计经过“十三五”的努力，铁路运营总里程将增加3万千米，其中，高铁增加1.1万千米；公路增加32万千米，其中，高速公路增加3万千米；万吨以上的码头泊位增加300个以上；民用航空机场增加50个以上。到2020年，中国要基本建成安全、便捷、高效、绿色的现代综合交通运输体系，部分地区和领域率先实现交通运输现代化。

2010—2030年是中国物流业发展的黄金机遇期和战略机遇期。党中央、国务院、各省各部委都深刻关注物流业的发展，未来是中国物流业完善体系、优化结构、提升能力、大规模国际化的重要时期。

四、结论

过去，中国是工业化的物流，但是未来，共享物流、柔性物流、智慧物流、协同物流、平台物流、供应链物流、仓配物流、快递物流、电商物流、精益物流、末端物流将会引领发展。投资方向将会从实体基础服务、设施转变为知识资产。游戏规则也会由大企业主导转变为创新企业主导。

第二讲

供应商质量管理

王为人

◆ **作者简介**

王为人，14 年跨国公司工作经验的资深经理，拥有质量、采购和客户服务的技术背景，ISO 900&ISO 14000 的专家，获 HP 总裁奖及中国 HP 最佳讲师奖，中国企业联合会——中国职业经理人资格认证指定培训师，加拿大采购管理协会（PMAC）中国授权讲师，中国物流与采购联合会采购专家组成员。曾在瑞声达助听器公司、Ax - air 加湿器公司、惠普/安捷伦公司历任采购经理、国际采购部亚洲经理以及副总经理等职位。

王为人老师讲课概念超前，但又注重实际应用，课程内容案例丰富且主要来自其职业生涯中的技术、质量和采购的跨部门交叉管理经验。其主要代表出版著作有《采购案例精选》《走向绩效卓越：波多里奇国家质量奖启示录》《采购技巧》《采购实务百问百答》《波多里奇国家质量奖标准高层指南/先进质量方法系列》《供与求的博弈：采购管理案例 + 分析》等。

企业的发展应该重点关注两个方面：开源、节流。采购成本直接关系产品的销售价格，采购成本的降低将会为企业节约大量资金。当今企业的竞争已经成为企业间供应链管理的竞争，从供应链上游节点到企业内部直至下游客户企业，采购供应管理是各企业利润的源泉。在供应链管理中，如何选择和评价供应商非常重要，各个供应商的管理直接影响供应链的竞争力。

一、供应商管理

高效的供应商管理不仅可以提高企业管理水平，而且能提升企业的盈利能力。部分公司将“六 Σ”用于控制供应链质量和衡量供应商合作水准，“六 Σ”是一种改善企业质量流程管理的技术，以“零缺陷”的完美商业追求，带动质量成本的大幅度降低，最终实现财务成效的提升与企业竞争力的突破。

“六 Σ”供应商管理的过程分为 6 步。

（1）识别对象，确定可选的供应商名单。

（2）成本评估，确定目标与所需资源。

（3）优先排序，找出可行的方案并排出顺序。

（4）特性分析，分析选定的方案。

（5）执行计划，完成项目。

（6）成果评估，生成文档并找出有待提高的问题。

二、供应商质量管理

标准的采购流程可以划分为战略采购和订单协调两个环节。战略采购包括供应商的开发和管理；订单协调则主要负责材料采购计划，重复订单以及交货付款方面的事务。这种组织结构与销售体系非常类似，很多销售型公司也建立了专业的销售支持部门处理大量的重复性订单。

供应商的开发和管理是整个采购体系的核心，其表现也关系整个采购部门的业绩。一般来说，供应商开发包括的内容有供应市场竞争分析、寻找合格供应商、潜在供应商的评估、询价和报价、合同条款的谈判、最终供应商的选择。

（一）供应商质量管理原则

在大多数的跨国公司中，供应商开发的基本准则是质量、成本、交付与服务并重的原则（QCDS 原则）。其中，质量方面包括两步：确认供应商是否建立有一套稳定有效的质量保证体系及是否具有生产所需特定产品的设备和工艺能力；成本方面，要运用价值工程的方法对所涉及的产品进行成本分析，并通过双赢的价格谈判实现成本节约；交付方面，要确定供应商是否拥有足够的生产能力，人力资源是否充足，是否有扩大产能的潜力。服务方面包括供应商的售前、售后服务的记录。

（二）供应商质量管理流程

首先，企业要对特定的分类市场进行竞争分析，了解市场的发展趋势、各大供应商在市场中的定位，从而了解潜在的供应商。在分析的基础上，公司的采购部可以建立初步的供应商数据库并做出相应的产品分类。其次，寻找潜在的供应商，最重要的是对供应商做出初步的筛选，评估其工艺能力、供应的稳定性、资源的可靠性，以及其综合竞争能力，必要时进行实地考察。最后，在供应商审核完成后，对合格供应商发出询价文件，一般包括图纸和规格、样品、数量、大致采购周期、要求交付日期等细节，并要求供应商在指定的日期内完成报价。

对供应商的质量进行管理，有利于提高企业的产品质量、保证企业生产有节奏地持续进行，同时，保证企业在产品生产和使用环节的安全对企业来说十分重要。

第三讲

供应管理：机遇与挑战

史文月

◆ 作者简介

史文月，清华大学自动化系工学硕士学位，翌年加入清华大学自动化系 CIMS 研究中心、管理与决策信息系统实验室，从事国家“863”高科技项目以及推广应用工作。后加入国际著名跨国公司，从事企业管理系统（ERP）和供应链管理（SCM）的解决方案设计、实施和企业咨询工作，曾为多家国内知名的企业提供管理咨询、采购物流和供应链管理培训、电子商务解决方案等服务。

史文月，中国物流与采购联合会采购委专家组成员。主要从事供应链管理、信息化管理、综合管理等领域的研究。曾任惠普公司大制造业与供应链管理高级咨询经理，为客户提供 ERP、供应链、物流管理和协同商务等方面的咨询和解决方案实施服务，曾为上百家单位提供培训、诊断、咨询实施等服务。

一、供应链管理发展的背景

在信息化和智能化的科技进程中，物联网、大数据、移动互联网、区块链这些关键技术的突破性发展，将极大地推动经济和社会的进步，为我们的生产和生活带来很大的改变，也为企业的供应链管理带来机遇与挑战。

（一）一带一路

“一带一路”沿线惠及 44 亿人口，相当于全球总人口数量的 63%；经济规模 21 万亿美元，约占全球的 29%；涵盖 50 多个国家，发展中国家占多数，基础设施水平低，提升空间大。中国具有技术和产能优势，在带动沿线各国发展的同时提升本国实力。

中国的快速发展离不开物流或供应链的优势，供应链是中国发展的重大战略。研究“一带一路”倡议实施过程中的物流需求、商业需求，关注“一带一路”中物流的机遇与风险，对物流企业来说十分重要。

（二）大数据/移动互联网

大数据是一种广义数据集合，不可依赖传统的数据库软件工具来管理和分析，具有海量的数据规模、快速的数据流转、多样的数据类型和价值密度低 4 个特征。在大数据技术下，企业也要转变 3 种思维：从样本思维转向总体思维、从精确思维转向容错思维、从因果思维转向相关思维。

（三）区块链

区块链是一个分布式账本，通过去中心化、去信任的方式，集体维护一个可靠数据库的技术方案。从数据的角度看，区块链是一种几乎不可能被更改的分布式数据库，不仅分布式存储，也分布式记录（由参与者共同维护）；从技术的角度看，区块链是多种技术整合的结果，这些技术以新的结构组合形成新的数据记录、存储和表达的方式。

（四）工业 4.0

工业 4.0 的基础架构是物联网和服务互联网。它的 2 个主题是“智慧工厂”和“智能生产”。其中，“智能工厂”重点研究智能化生产系统以及过程；“智能生产”主要涉及整个企业的生产物流管理、人机互动等。它的 3 个设想是产品、设施、管理。其中，产品集成有动态数字存储器、感知和通信能力，承载着在其整个供应链和生命周期中所需的各种必需信息；设施是由整个生产价值链所集成，可实现自组织；管理的目标是能够根据当前的状况灵活决定生产过程。

二、供应链的发展趋势

企业面临大量不确定性的问题，大多企业规避不确定性的做法是提高预测准确度，但其实，供应链反应的速度越慢，对预测的依赖性才会越强。未来，供应链之间的较量将不再是预测能力，而是速度，当供应链的反应速度极快时预测就失去了价值。目前，支持企业快速反应的技术有平衡线图（Line of Balance，LOB）、供应商管理库存（Vendor Managed Inventory，VMI）、电子数据交换（Electronic Data Interchange，EDI）、企业流程再造（Business Process Reengineering，BPR）。

三、供应链管理专业人员

供应链管理人员要具备的 12 个特质包括专业知识、问题思考、判断力、学习能力、敏锐性（市场/产品）、沟通与关系能力、利用信息技术、领导能力、行动能力、自我激励、团队合作、价值观（诚实、正直）。

第四讲

物流与供应链管理的理论与实践

何明珂

◆ 作者简介

何明珂，北京物资学院副校长。1962 年 2 月出生，湖北公安人，汉族，中共党员，经济学博士，教授，博士生导师，享受国务院政府特殊津贴专家，北京市教学名师。

1985 年学士毕业于北京商学院，1987 年毕业于北京商学院商业经济硕士研究生班，1989 年获得硕士学位，2001 年博士毕业于中国人民大学并获经济学博士学位。1993—1999 年 12 月，历任北京商学院技术经济系副主任、主任，北京工商大学技术经济系主任。1999 年12 月—2016 年 12 月，历任北京工商大学商学院副院长、党总支书记、院长，研究生部主任，国际交流与合作处处长，科技处处长。2016 年 12 月，任北京物资学院副校长。

主要社会兼职：中国物流与采购联合会副会长、中国物流学会副会长、中国仓储协会副会长、教育部物流管理与工程类专业教学指导委员会副主任。

主要研究领域：物流与供应链管理、物流系统理论与方法、流通技术、电子商务与现代物流等。

一、物流

物流，英文名称“Logistics”，它是供应链活动的一部分，是为了满足客户需要而对商品、服务以及相关信息从产地到消费地的高效、低成本流动和储存进行的规划、实施与控制的过程。物流有 7 个要素：流体、载体、流量、流向、流程、流速、流效。物流运作的目标可以分为 3 个级别：初级目标、中级目标、高级目标。初级目标是完成物流基本的运作，即运输、储存、装卸、搬运、包装、流通加工、配送、信息处理；中级目标是优化运输网络；高级目标是整合供应链。供应链是一个由供应商、制造商、分销商直到最终用户所连成的整体功能网链结构。

二、中国物流的历史

（一）配送管理（1978 年前）

当时的物流管理主要针对企业的配送部分，即在成品生产出来后，如何快速而高效地经过配送中心把产品送达客户，并尽可能维持最低的库存量。准确地说，这个阶段物流管理并未真正出现，有的只是运输管理、仓储管理和库存管理。中国对外贸易运输集团总公司建立于该时期，当时也只有内贸运输业务。

（二）物流管理（1978—2000 年）

人们逐渐发现利用跨职能的流程管理的方式去观察、分析和解决企业经营中的问题非常有效。通过分析物料从原材料运到工厂，流经生产线上每个工作站，产出成品，再运送到配送中心，最后交付给客户的整个流通过程，企业可以消除很多看似高效率却实际上降低了整体效率的局部优化行为。所以，传统的垂直职能管理已不适应现代大规模工业化生产，而横向的物流管理却可以综合管理每一个流程上的不同职能，以取得整体最优化的协同作用。

（三）供应链管理（2001 年至今）

此时，物流管理的范围扩展到除运输外的需求预测、采购、生产计划、存货管理、配送与客户服务等，以系统化管理企业的运作，达到整体效益的最大化。同时，出现配送中心的概念。

配送中心是从事货物配备（集货、加工、分货、拣选、配货）和给用户送货作业的现代流通设施。在供应链中，直接配送通常会造成城市交通的拥堵，而先把货物送到配送中心，再统一规划送至需求点，可以提高物流效率、降低成本。

三、中国物流发展现状

（一）港口物流

港口方面，中国拥有1.8万千米海岸线，11万千米内河航道，承担着9%的国内贸易运输和85%以上的外贸货物运输，沿海沿江有1460多个商港。港口和物流的发展是相辅相成、相互促进的关系。2016年，世界十大港口排名：上海港、新加坡港、深圳港、舟山港、维多利亚港、釜山港、广州港、青岛港、迪拜港、天津港。其中有7个来自中国，说明我国进出口行业发展迅速。

（二）航空运输

随着我国经济增长方式的转变以及产业结构的升级，适合航空运输的货物逐年增加，1996—2015年，民航货邮运输量增长了5.44倍，年均增长8.8%；货邮周转量增长了8.31倍，年均增长11.2%。与此同时，由于生产企业、流通企业和消费者对于航空物流要求的不断提高，未来鲜活易腐、医药保健、时效产品等航空物流需求还会增加。

（三）铁路运输

铁路运输虽然运量逐年增长，但市场份额逐年下降。由铁路运输的大宗物资大部分改由公路运输和水路运输，铁路面临着越来越严峻的挑战。

四、供应链管理发展趋势

（一）模式创新

21世纪的企业竞争，实质是供应链的竞争。供应链模式更具柔性化的企业才更有竞争力。中国供应链的创新模式最有可能出现在两个领域：第一个是位于行业前列，并且已经拥有良好的供应链管理基础的企业；第二个是正在通过供应链工具改造传统行业的平台企业。

（二）供应链整合

供应链整合是指制造企业与供应链伙伴进行战略性合作和管理组织内和组织间流程的程度。供应链整合后，产品将从原产地经过集散中心后运到配送中心，最后再分给不同的企业，使供应链中的每个企业更加专业化、一体化，更具竞争力。

第五讲

采购与供应商管理

孟　葵

◆ 作者简介

孟葵，中国物流与采购联合会核心专家、爱易云职能科技（杭州）有限公司智能制造咨询顾问、东莞市安达发网络信息技术有限公司 MES&ERP 高级咨询顾问、美国质量管理协会六西格玛黑带认证、天津南开大学工商管理 MBA 硕士。拥有 20 年跨国企业集团采购与供应链管理经验，5 年企业培训经验。历任采购经理、供应链经理、世界 500 强供应链总监、高级培训讲师等职务。历经汽车、电子、液压、矿业设备、石油设备等行业。在企业采购与供应链管理、洗煤厂项目管理、物流与供应链流程设计与优化、客户服务、六西格玛质量体系与精益生产、质量管理等方面积累了丰富的实战经验。

孟葵老师长期坚持企业管理案例、项目管理、质量管理与企业流程再造实战案例的收集与整理，奠定了扎实的企业培训基础。孟葵老师授课风格细致亲和，擅长结合自身的管理实践进行课程讲解，课程内容生动实用、逻辑严谨、长于案例教学。

一、采购及采购管理

采购是一项与供应商共同解决成本、质量、服务、交货期等问题，并同供应商建立双赢的供应链合作伙伴关系的企业经营活动。采购管理的核心业务是帮助供应商提高产品质量、提高供应商交货服务水平、控制物料库存并实现零库存、帮助供应商分析和降低成本、开发潜在供应商。

其中，战略采购是一个降低外购原材料、产品和服务的总体成本，同时满足最终用户对于质量、服务和技术要求的严密而系统的程序。目前，战略采购是国内的空白，但很多企业已经意识到这个问题，开始从需求管理、减少成本、利用购买力、产品/服务规格合理化、改进合作程序、外购等方面进行改进。

采购可以分为集中采购和分散采购。集中采购指所有采购任务都由一个专业部门负责；分散采购指各部门或独立单位自行满足其采购需求。目前，大部分企业开始把采购的权利向内部回收，更多地自行开展采购计划。

二、采购程序

（一）采购

采购部门收到正式请求之后寻求报价，然后选择供应商并向供应商订货，最后监督订单并接受订货。此外，采购部门需要对库存进行控制。

其中，企业确定价格的方式有三种：发报价单定价、竞标定价、协商定价。发报价单定价一般是事先约定好的价格。竞标定价一般发生在政府对标准物品或劳务的采购中。协商定价一般发生在互利互惠的业务关系中。

（二）供应商准入审批

采购团队首先确定物品类别与采购策略，并向供应商发出调查表，供应商需要提供相关的营业执照、税务登记证、组织机构代码证、质量/资质证书等资料。其次，分析供应商的风险、技术能力、财务健康等状况。最后，进行现场审核，审核通过后签订潜在供货协议/通用供货条款，将其加入合格供应商名录。

（三）供应商选择

选择合适的供应商对企业来说非常重要，供应商的意见与建议可以提高买方的竞争优势：降低购买成本、运输成本、生产成本、库存成本，缩短产品面世时间，改进产品设计，提高产品质量、顾客满意度等。

首先，选择供应商时要分析其技术与商务能力，包括财务、品质、物流、生产率、成本要求等。若满足要求，则开始确认询价邀请书，核实商务、物流、最新图纸、交货计划与品质要求等。其次，确认完毕后，向 3 家供应商发出询价邀请书。最后，在与供应商沟通、与现场采购员、项目经理、供应商品管、工艺团队核实后，确认选择的供应商，并签订合同。

三、外包

（一）业务外包

在供应链管理环境下，企业成功与否不再由"纵向一体化"程度的高低来衡量，而是由企业为产品或服务增值的程度来衡量。因此，外包就十分重要，业务外包是指企业中非核心业务由合作企业完成的一种管理模式。传统外购概念偏重于零部件、产品的外购，而外包更强调企业的次要业务、服务、原材料等资源的外向配置（外购）。

企业外包项目的比例一般为 15%，包括固定资产/工程项目、物流项目。信息系统、信息技术的外包项目比例为 40%。

（二）业务外包的原因

从长期角度看，业务外包可以释放企业资源、分担风险、加速重构优势。

从短期角度看，业务外包可以使企业不再负责难以管理或失控的辅助业务、使用企业没有的资源、降低和控制成本、节约资本资金。

四、供应商成本结构分析

供应商成本结构包括原材料、人工成本、固定成本、可变成本、分包成本等。企业可以通过提高工厂利用率、加工能力、学习曲线、管理能力等控制成本，以获取具有竞争力的价格。固定成本一般比较稳定，可变成本较难控制。一般情况下，可变成本越低，制造成本也就越低，产品质量越稳定。

五、供应商绩效评价

供应商绩效评价应从供应商的生产规模、盈利能力等方面来评定，包括地理位置、运输成本、劳资关系、有无非法用工等因素，不同的企业和行业标准不同。其中，ABC 分析法是评价供应商常用的方法，ABC 分析法的原则：大约占总采购金额的 80% 的物品是从占总数 20% 的供应商（A 类）处采购，而占总数 60% 的供应商（C 类）只提供占总价值额 5% 的供应品。

综上所述，在市场中，没有既省时又物美价廉的产品。项目管理的三重约束（时间、成本、质量）之间相互制约，一个约束变化会使另一个约束也改变。因此，采购部门应该在和其他部门沟通的基础上，只重点考虑三个约束中的一个，才能实现整个项目的利润最大化。

第六讲

实体店在互联网下的创新

李燕川

◆ **作者简介**

李燕川，北京超市发连锁股份有限公司党委书记、董事长，曾获“全国劳动模范”“北京市群众心目中的好党员”等近百项荣誉称号。

李燕川从事商业零售管理36年，积累了丰富的实战经验，从北京市海淀区副食品公司（超市发前身）开始从事商业零售管理工作，到1999年10月超市发完成股份制改造，成为北京首家股份制连锁公司，直到现有直营店151家，于2017年实现了43亿元的销售额，成为中国连锁百强企业。

一、超市发概况

1999年10月，北京超市发连锁股份有限公司（以下简称超市发）完成股份制改造，成为北京首家股份制连锁公司，拥有“超市发”品牌连锁店152家，2016年实现销售额43亿元，现有员工6000人，经营面积18万平方米，拥有批发、物流配送、菜市场、培训中心等子公司。现在超市发的业态主要由综合超市、食品超市、生活超市、生鲜超市、社区超市组成。

公司品牌主要包括3个方面。

（1）员工品牌。超市发设立全国劳动模范11人，金牌店长152人。

（2）商品品牌。肉是特级品牌，严格把控该类商品质量。

（3）营销品牌。超市发的主打产品是面包、生鲜产品，占比为50%，其他有主食、休闲食品和杂品。

目前，中国的食品安全存在很多问题，包括农药残留、断链等问题。因此，超市发建立了第一家属于企业的化验室，每批果菜都抽查检验，加工间安装摄像头记录员工的操作行为。

二、超市发的业务创新

（一）社区业务

对于实体超市来说，地缘优势非常重要，而超市发最大的优势就是店铺存续时间长。超市发立足社区，大多开在居民小区（社区），会为来超市的退休居家老人准备交流空间、休闲椅等，让消费者体会到店购物是一种休闲的方式。另外，超市发还会为部分社区居民安排再就业、照顾空巢老人、为居委会提供帮助等，逐渐积累群众基础。

（二）生鲜业务

生鲜食品的消费特点是便捷、新鲜、短时，超市发的生鲜食品经营以果蔬为主，扩大自营。超市发在全国各地建有94家果蔬基地，果蔬基地采购占比为60%，从种、采、购、运、储、加工、销售各环节进行控制，确保蔬菜质量好、卖相好、价格好，实现蔬菜“清晨在地头，中午上餐桌”，并且在“农超对接”的基础上，实现了“餐超对接”。

（三）商品结构

商品结构对于企业来说非常重要，不同的商品结构吸引不同的消费者。开在社区的超市，商品就要满足该社区居民的需要，因此，市场调研的范围就是社区、居委会，为特定人群提供针对性的商品。另外，超市经营的食品为快速消费品，应与网购功能区分开，可以增加现场制作、扩大主食厨房等活动。卖场的主力消费人群是50后和60后，其消费理念更注重高性价比，因此，商品结构的调整要紧紧围绕着主力消费人群。

（四）营销策略

营销策略体现创新经营、差异化经营特点。超市发的营销策略重在提高社区居民的参与感。超市的蔬菜、水果尽量不做包装处理，让顾客在购物中充分享受自己动手挑选的乐趣；正月十五组织包饺子比赛、端午节组织包粽子比赛、夏季组织吃西瓜比赛等；为了满足高知和高收入人群对生活质量的追求，超市加大了包括日本商品在内的高端商品及进口食品的引进力度；按照季节发给社区居民《健康膳食营养手册》，卖场配合开展教吃教做活动、厨艺赛等；组织“每日一菜，健康生活”的微信发送。

（五）顾客服务

1. 服务的品牌化

通过最直接的服务打造企业品牌，将服务项目、服务设施与服务对象的需要相融合；通过针对性的服务锁定目标顾客，并划分顾客群；建立商超、生鲜店等不同种类的店，丰富产品种类。

2. 服务的细分化

按业态将服务细化，制定服务标准，在此基础上调整商品结构、增加服务项目。另外，对商品质量、价格、卖场布局、灯光照明、陈列道具等进行全新设计。

3. 服务的全程化

服务从售后向售中、售前移动，进行全程服务。通过微信等 App 建立与消费者沟通的便捷平台。

4. 服务的差异化

对店铺 65% 的忠实顾客的消费行为进行挖掘，找出服务需求的不同，提供差异化的服务。另外，针对社区“银发消费”进行专项服务策划，增加老年人用品、为居家养老提供服务。

5. 服务的多元化

树立“大服务”理念，扩大服务范围，从原来的终端消费者服务到现在的供应链服务。以服务的理念建立合作关系，与供应商共同发展。

6. 服务的增值化

超市发的“生鲜早市”为早起的老人带来便利，“夜市超低价格”为晚饭后的上班族带来便利。超市发还可以为社区居民代收邮购商品。

（六）网络营销

网络营销和实体店营销在市场中有各自的生存空间，虽然两者在不同的层面争取消费者、市场，但目标、对象有所不同。“线上”“线下”应该利用各自优势，完成对接服务。

随着互联网的发展，消费者不是在选择渠道，而是在寻求价值。实体超市的竞争力在于服务和特色，所以，零售行业的发展方向非常重要。

第七讲

供应链物流

奥平幸三（日本）

◆ 作者简介

奥平幸三，日通国际物流（中国）有限公司东亚地区总括室物流事业开发部长，于1989年毕业于长崎大学经济学部经营学专业，同年4月入职日本通运株式会社。

奥平幸三曾任日本通运株式会社福冈航空支店进口课职员、福冈航空支店进口课主任、池袋航空支店进口课主任、池袋航空支店进口课系长、日本通运株式会社驻美国波士顿支店出口课系长、东京航空支店国际货物部成田进口服务中心进口客服中心第三课长、东京航空支店供应链物流营业开发中心物流营业开发课课长、东京航空支店国际货物部销售企划第四课课长、日本通运株式会社驻香港航空货物支店次长、香港日本通运株式会社东亚地区总括室物流事业开发部长。

一、东亚地区的供应链发展

2000年之前，由于中国劳动力成本低，日本大部分企业将零配件加工产业转移到中国，产品在中国完成零配件加工组装后，再送回日本完成成品。随着中国工业的快速发展，部分中端零配件开始在中国生产，但是，高端零配件依然在日本生产。

2000年之后，中国经济迅速发展，生产力和劳动力成本也不断提高，复杂的零配件开始在中国生产。另外，泰国、马来西亚等发展中国家也成为生产加工地区，欧美等发达国家主要提供资金技术支持。2006年，中国超过日本成为世界第二大经济体，全球供应链环境也随着中国的发展而改变。现在，中国不仅是生产加工方，也是资金技术提供方。

二、供应链与物流

供应链是围绕核心企业，从配套零件开始到制成中间产品及最终产品、最后由销售网络把产品送到消费者手中的一个由供应商、制造商、分销商直到最终用户所连成的整体功能网链结构。供应链管理是指在满足一定的客户服务水平的条件下，为了使整个供应链系统成本达到最小而把供应商、制造商、仓库、配送中心和渠道商等有效地组织在一起来进行产品的制造、转运、分销及销售的管理方法。按供应链的复杂程度可以将供应链分为3种类型：全球型供应链、社会型供应链、企业型供应链。对于企业型供应链，一方面要满足消费者需求，另一方面要尽量降低成本。因此，物流公司要有足够的供应链管理经验。

一般情况下，生产商与物流企业之间存在4种关系：第一种是简单的委托关系；第二种是跨国合作关系，除了一般的运输业务外，还增加了报关、报检等业务；第三种是企业可视化关系，随着IT的发展，物流各环节都可以实现可视化；第四种是企业联盟关系，企业联盟对市场的稳定发展十分重要。

三、案例分析

日本某邮购公司存在供货时间长、配送中心多、库存压力大等问题。于是，公司把10个分散仓库整合为1个，地点选在韩国釜山，因为釜山不但离日本近，而且人工成本比日本低。10个分散仓库接到订单后，将货物通过集装箱运输到釜山的集中仓库，缩短了供货时间，降低了仓库运营成本。

四、日通

日通国际物流有限公司的全球业务划分为东亚区、大洋洲区、美洲区、欧洲/中东区、日本区5大区。其中，东亚区包括中国、中国香港、中国台湾和韩国4个地区。

通过提案报告书的制作过程来了解日通国际物流有限公司内部的管理制度，制作过程主要包括以下4点。

（1）制作提案报告书前，负责人需要拜访客户企业，充分了解客户企业的情况，包括商流、物流等情况。

（2）了解行业未来发展趋势，预测库存、需求等。

（3）了解竞争对手情况，发挥优势、补足劣势。

（4）制订合适的解决方案。

第八讲

对我国物流成本的再认识

翁心刚

◆ 作者简介

翁心刚，北京物资学院副校长。1961 年 10 月出生于北京市，经济学博士，教授。1983 年 7 月，毕业于北京经济学院物资管理系。于 1989—1992 年与 1996—1999 年，赴日本流通经济大学学习，分别获得硕士学位和博士学位。历任北京物资学院团总支书记、院长办公室科长、企业管理系副主任、研究生部副主任、研究生部主任、北京物资学院院长助理。2006 年 12 月，任北京物资学院副校长。

主要社会兼职：中国物流学会副会长、中国物流技术协会副理事长、中物联物流规划研究院特邀研究员。

主要研究领域：物流管理、供应链管理。

物流成本的高低直接关系企业经济效益和国民经济发展质量。物流成本有其特殊性，具体表现为：因物流服务多样性而导致的差异性、因物流活动的系统性而产生的关联性、因物流的派生需求性而产生的支撑性。影响物流成本的外部因素包括经济规模、产业结构、资源环境、统计口径等，内部因素包括物流运作效率、物流管理水平、物流服务水准、物流需求特点和物流服务价格等。正确认识我国物流成本问题，需在准确理解物流成本统计指标含义的基础上，关注不同国家、不同时间物流成本指标的可比性问题，避免仅在运输层次上看待物流成本。

一、物流是企业降低成本的重要领域

物流活动是商品在生产和流通过程中不可或缺的基本活动，具有生产活动的属性。物流活动需要人员、设施设备和资金等要素的投入，这些投入便构成了物流成本。物流成本的高低直接关系企业经济效益和国民经济发展质量。

二、影响物流成本的因素分析

物流需求作为派生需求的属性决定了物流成本规模和水平受多种因素影响，既包括物流以外的因素，也包括物流内部的因素。比较物流成本时，必须考虑各种因素的影响。

（一）外部因素

外部因素是指物流以外的因素，这些影响因素属于物流系统上一层的因素，难以靠物流自身的努力去改变，但对物流成本会产生重大影响。

1. 经济规模

社会物流总费用首先与国家的经济发展规模密切相关，一般而言，经济规模越大则社会物流总费用就越多。在中国的产业结构中，重化工业占比高，基础建设规模大。其中，我国的粗钢产量每年达到 9 亿吨，占全世界钢铁产量的一半以上。发达国家则侧重于高精尖产业和服务业的发展，服务业中金融、咨询、信息服务等现代服务业占比较高。因此，我国社会物流总费用占 GDP 比率高于美日等发达国家，这与我国的产业结构特征密切相关。也正因为这样，社会物流总费用占 GDP 比率的变化可以反映产业结构和规模的变化。

2. 资源环境

中国国土面积广阔，东西南北距离长，资源多分布于西部和北部，而东部和南部产业较发达。因此，资源流动范围广、运距长造成了货物在途时间长、运输费用以及库存环节的存货和保管费用高。

（二）内部因素

内部因素是指物流系统内部的因素，属于物流同级因素，是靠物流部门

（领域）自身的努力可以改变的因素。外部因素相对稳定，物流部门（领域）难以改变，因此，只有从内部影响因素入手，才能真正降低物流成本。

1. 物流运作效率

物流运作效率是指单位时间完成物流活动的能力，是影响物流费用水平的重要因素。通过规模化、高速化、信息化、网络化、机械化、自动化等物流运作方式，可以提高物流效率、降低物流成本。

2. 物流管理水平

在企业层面，物流管理水平体现在物流系统规划设计能力、物流系统活动运行管理能力、物流成本控制能力等方面；在宏观层面，物流管理水平表现为政府部门的政策制定水平和管理协调能力。目前，我国部分企业的物流管理处于运输管理阶段，无法准确把握物流综合成本，缺乏清晰的物流管理思路和有效的物流管理手段。宏观层面的物流管理存在部门分割、综合协调能力弱、物流产业政策制定水平低等问题。低水平的物流管理水平制约着物流合理化和效率化的推进，对物流成本产生重要影响。

3. 物流服务水准

从物流服务产品提供的角度看，速度、批量、频次等方面的服务标准不同，物流费用水平也不同。其中，使用公路"门到门"运输服务的费用要高于铁路运输费用，当日达快递服务比次日达费用高，货物小批量、多批次出库比大批量、少批次出库的物流费用高。

从物流客户服务提供的角度看，商品供应保障的可靠性等各项服务水准越高，物流费用支出越多。其中，95%的供应保障率比85%的供货保障率所支付的存货费用要高许多；便利店的便利化程度高，这种便利性源于便利店接近客户的节点布局以及获得新鲜商品的保障程度，因此在网络节点布局、配送系统的建设和运行方面投入的物流费用也较多。

4. 物流服务需求特点

生产经营过程中的物流服务需求属于派生性需求，物流服务需求的特点取决于生产经营方式。其中，日本制造业的生产经营方式具有即时化生产以及少库存或无库存经营的特点，决定了其物流服务以小批量多频次运输和出入库为主。日本的公路运输价格是美国的5倍、中国的10倍，这也与小批量、多批次运输有直接关系。

5. 物流服务价格

由于我国的人工费用相对较低、市场竞争激烈，因此，运输、仓储等物流服务价格长期较低。物流服务价格低有利于企业降低物流成本，但也给物流企业带来经营压力。我国公路运输企业的运价基本和20年前的水平持平，长期过低的服务价格既不利于服务企业获得合理的利润，也不利于服务的改进，最终会影响货主企业在市场上获得优质的物流服务。因此，合适的价格对物流服务市场的健康发展非常重要。

三、物流成本认识上存在的问题

（1）物流成本概念混乱。物流成本并不仅仅是运输成本，还包括货主企业使用自有车辆运输、自有仓库保管以及发生在存货、流通加工等环节的物流费用支出。用运输总量指标代替物流总量指标、用社会物流总费用除以运输总量（吨·公里）得到“吨公里物流成本”指标，这些都是不严谨的做法。

（2）主观看待物流成本。物流费用发生于生产企业和流通企业的生产与经营过程中，物流费用对应的是物流活动，物流活动是生产性活动，既创造价值也产出服务，高水准的物流服务需要较高的物流费用投入，良好的物流服务可以促进生产和销售。物流活动和为开展物流活动的费用支出与生产活动和生产费用同属一个范畴，不能仅从负面理解物流费用，更不应简单地认为增加物流费用就是增加企业负担。

（3）对影响物流成本的因素认识不全面。只简单地在国家间进行比较后以此作为判断我国物流成本高低依据的做法是错误的，国家之间的比较是必要的，也是可行的，但必须在可比的基础上进行，而不是简单对比。

（4）我国在统计指标的丰富性、统计数据的精细程度以及统计分析的深刻性、全面性等方面与发达国家相比还存在较大差距。国内发布的统计报告中的信息量十分有限，统计方法和推算过程不清楚，指标单一，缺乏分行业、分业态、分产品的微观指标，使得在物流研究工作中缺乏有效数据，难以进行科学比较和判断，也使社会上各种片面化、主观化的观点和判断得不到及时纠正。

四、正确认识我国的物流成本

（一）准确理解物流成本统计指标的含义

关于物流成本统计调查的目的，日本物流系统协会发布的物流成本调查报告中提出：降低物流成本，宏观上有利于物价稳定，微观上是关系到企业经营的根本问题。物流成本统计中的三个主要指标（社会物流总费用、社会物流总费用占 GDP 比率、物流成本占销售收入比例）是从宏观和微观两个层面反映物流费用规模和物流费用支出水平的基本指标。除此之外，还应该有微观层面的分行业、分业态、分产品的物流成本统计指标。

（二）物流成本指标对比要注意可比性问题

指标的对比可以是国家宏观层面的纵向对比或国家与国家之间、不同国家的同行业之间、不同地区的同行业之间横向对比，也可以是企业层面的纵向对比或企业之间的横向对比。

横向对比时，要充分考虑指标可比性问题，特别要考虑产业结构、统计口径等物流外部因素对指标变化带来的影响。纵向对比时，如果时间间隔比较长，也要考虑产业结构、统计口径等因素变化的影响。

（三）不能仅从运输的角度看待物流成本

运输费用只是物流总费用的一部分，并不能代表物流费用的全部，并且，成本与效益之间、运输费用与保管费之间都存在着反比例关系。

为了正确认识物流成本问题，研究人员要对物流成本特性进行再认识，以便准确把握物流成本的含义和变化规律。

第六篇

2017年秋季学期 物流名家讲堂

VI

第一讲

物流与物流信息技术的发展现状与未来趋势

杨福兴

◆ 作者简介

杨福兴，北京邮电大学自动化学院物流工程教研中心主任，教授，博士生导师。1996年毕业于哈尔滨工业大学机电学院，获工学博士学位。作为项目负责人及主要参加者参加过国防科工委“九五”重点预研项目、国家自然科学基金、国家863项目、国家博士点基金、省部级项目基金、横向科研项目等，在国内外刊物上发表论文30余篇。主要研究方向为物流信息技术、物联网应用技术、先进制造技术。

一、物流的现状及趋势

（一）发展现状

1. 物流人才

在传统思维中，普通高中毕业生优于职业高中毕业生，大学本科毕业生强于高等职业专科毕业生。但现如今“本科生满街跑，技术工无处找”的现象却很严重。据部分物流企业的人力资源（Human Resource，HR）反映，物流专业的本科生与高职、高专生在专业能力上并无明显差异，这个问题应该引起社会重视。

目前，我国各教育层次物流类在校学生总数超过50万人，其中，本科在校人数超过10万人。尽管如此，不同用人单位的物流人才需求依然得不到满足。主要原因是人才培养与企业需求不能对接，物流管理人才培养模式与物流业当前发展阶段对创新型、应用型物流人才的实际需求不相符。

2. 物流企业

近年，随着大数据、人工智能等技术的兴起，我国物流企业快速发展。以菜鸟网络科技有限公司（简称菜鸟）为例，2016 年 10 月 15 日，菜鸟“E. T 物流实验室”推出了包含虚拟增强技术、仓库机器人、智能配送机器人、智能园区巡检等产品组成的仓库模型。在物流行业，菜鸟并不是一个配送公司，其核心竞争力是大量的数据、计算能力和生态构建能力，为社会形成一张高效的物流网络。通过一系列大数据、云计算和智能化产品，菜鸟将为整个行业每年降低 10 亿元成本。此外，北京京东世纪贸易有限公司、华为技术有限公司、深圳市腾讯计算机系统有限公司等企业也开始投资物流领域。

（二）未来趋势

1. 产业互联网

过去 10 年，互联网行业的创新大多是在信息与流通领域，对传统产业的影响很小。而现在，出现了新的工业革命，互联网的创新与改造已经不再局限于信息产业领域，而是延伸到传统产业领域。

产业互联网指的是产业与互联网融合，互联网成为产业的主导与控制核心，使产业互联网化。产业互联网与虚拟的信息互联网不同，产业互联网是“线上”与“线下”融合，实体与虚拟融合，利用物联网、大数据与云计算技术推动物理世界智能化，实现现实世界智慧化与网络化。

2. 物流互联网

现代物流的第一次变革是系统思想的引入。在信息不通的时代，没有现代物流理念，只有割裂的物流功能作业。20 世纪 30 年代，随着信息技术的发展和通信方式的完善，有了沟通、交通、存储等各环节信息，才把物流各功能作业进行系统的统筹考虑和控制，催生了物流理念，标志着物流产业进入物流 1. 0 时代。

现代物流的第二次变革是一体化物流时代。到 20 世纪 80 年代，信息技术快速发展，使得原料、在制品、产成品从供应地到消费地的流动和储存的相关活动信息可以更方便地进行交换。企业可以在研究客户需求的基础上，对物流作业各环节的活动进行高效的计划、执行和控制，标志着物流产业进入物流 2.0 时代。

现代物流的第三次变革是供应链管理时代。从 20 世纪 90 年代开始，随着互联网信息技术的发展，物流信息的沟通、运算、优化、运筹更加方便，不仅对物流信息可以更系统化地运筹管理，而且还可以对物流过程中的资金流进行综合考虑，标志着物流产业进入物流 3.0 时代。目前，物流产业正处于这一时代。

现代物流的第四次变革是物流互联网时代。信息技术一直是现代物流变革的核心和关键。随着移动互联网的发展、产业互联网的推动，云计算、大数据、物联网与物流自动化等技术逐渐成熟，使现代物流业逐渐互联网化，标志着物流业即将进入物流 4.0 时代。

2014 年 9 月，国务院印发《物流业发展中长期规划（2014—2020 年）》，提出到 2020 年中国基本建立现代物流服务体系，提升物流业标准化、信息化、智能化、集约化水平，提高经济整体运行效率和效益。这里提出的现代物流发展的“四化”是中国物流互联网发展的基础、关键因素。

未来，智能化网络信息技术将被广泛应用，智能感知与识别技术、自动化技术、智能追溯技术都将得到系统全面的发展。

二、物流信息技术的现状与趋势

（一）发展现状

随着计算机技术融入社会生活，“信息爆炸”已经开始引发变革，创造出了“大数据”这个概念。如今，这个概念几乎被应用到了所有人类智力与发展的领域中。大数据是指需要新处理模式才能具有更强的决策力、洞察发现力和流程优化能力的海量、高增长率和多样化的信息资产。

1. 大数据的特征

（1）数据量大（Volume）。存储的数据量巨大，拍字节（Petabytes，PB）级别是常态，因而对其的分析计算量也很大。

（2）快速（Velocity）。数据增长速度快，同时处理数据的速度也要快，以便能够及时地从数据中提取知识、发现价值。

（3）多样（Variety）。数据的来源及格式多样，数据格式除了传统的格式化数据外，还包括半结构化或非结构化数据。

（4）价值密度低（Value）。大数据需要从海量数据中挖掘稀疏但珍贵的信息，这是大数据的典型特征。

2. 大数据的应用

因大数据系统的出现，所有依赖信息不对称盈利的业务都将消失，包括传统市场研究行业、证券研究所、产业链咨询机构等。而各级政府、主管部门、上市公司、企业集团、外资公司可以利用大数据分析平台进行优化决策。银行可以利用企业大数据平台开展银行直销业务，同时按照产业链金融服务事业部模式开展业务。物流业的具体应用：UPS（联合包裹速递服务公司）用软件优化快递派送路径、亚马逊实现“先发货，后购买”等。

（二）未来趋势

1. 数据众包

数据众包是一种新的数据采集方式，由企业通过平台把数据采集任务外包给非特定的大众网络。众包方式成功调动了世界各地的人和其设备的闲置能力。

2. 分布式文件系统

分布式文件系统（Distributed File System）是指文件系统管理的物理存储资源不一定直接连接在本地节点上，而是通过计算机网络与节点相连。

3. 非关系型数据库

关系型数据库难以满足高并发读写、高效率存储和访问海量数据、数据库的高可扩展性和高可用性的需求，因此，产生了非关系型数据库（NoSQL）。首先，NoSQL 数据存储不需要固定的表结构，通常也不存在连接操作，在大数据存取上具备关系型数据库无法比拟的性能优势。其次，关系型数据库中的表都是存储一些格式化的数据结构，每个元组字段的组成都一样，即使不是每个元组都需要所有的字段，但数据库会为每个元组分配所有的字段。最后，非关系型数据库以键值对存储，它的结构不固定，每个元组可以有不一样的字段，每个元组可以根据需要增加一些自己的键值对，这样就不会局限于固定的结构，可以减少一些时间和空间的开销。

4. 云存储和云计算

存储是在云计算（Cloud Computing）概念上延伸和发展出来的一个新概念，是指通过集群应用、网格技术或分布式文件系统等功能，将网络中大量不同类型的存储设备通过应用软件集合起来协同工作，共同对外提供数据存储和业务访问功能的系统。

云计算系统运算和处理的核心是大量数据的存储和管理，因此，云计算系统需要配置大量的存储设备，故云存储是一个以数据存储和管理为核心的云计算系统。

5. 实时流处理技术

传统的分布式计算通常是先积累大量的数据，再进行数据拆分和聚合。而实时流处理则是让数据流动起来，数据从内存中流过，截取需要的数据，进行实时分析计算。数据流是在时间分布上和数量上无限的一系列数据记录的集合体，数据记录是数据流的最小组成单元。

对于大型网站，活跃的流式数据很常见，这些数据包括网站的页面访问量（Page View，PV）/独立访客（Unique Visitor，UV）、用户访问了什么内容等。实时的数据计算和分析可以动态地刷新用户访问数据，展示网站实时流量的变化情况，分析每天每小时的流量和用户分布情况，这对于大型网站来说具有重要的实际意义。

三、结论

互联网时代，信息不断透明化，商业的利润空间不断缩小。未来的物流企业，不是靠运力差价、仓储差价、作业差价来竞争，而是靠“数据+金融+增值服务”来盈利，数据挖掘与应用能力将成为物流企业发展的关键。

第二讲

供应链运营战略之道：新经济形势下的思考

刘伟华

◆ 作者简介

刘伟华，天津大学管理学院教授，管理学博士，中国物流学会首批优秀特约研究员，中国物流学会副会长，中国物流学会学术年会论文评审专家，《SERVICE INDUSTRIAL JOURNAL》《系统管理学报》等国内外期刊评审专家。先后以第一作者身份在《Supply Chain Management: An International Journal》《中国公路学报》《上海交通大学学报》等国内核心期刊和SOLI、IE&EM、ICIII等国际会议上发表学术论文50多篇，在商务部《国际商报》上发表文章10多篇其中。多篇论文被美国SSCI检索、EI数据库检索、ISTP检索。多篇文章在中国物流学术年会上获一、二、三等奖，多个课题获中国物流学术年会一等奖。近年，主持多项国家自然科学基金项目、教育部人文社科基金项目、国家科技支撑计划项目。先后为财政部、商务部、国家开发银行、国家发展和改革委员会、中国石油公司、中国物流与采购联合会等做过多项物流咨询项目。

一、社会发展形势

（一）经济形势

根据联合国统计数据显示，2016年，全球经济增速为2.4%，下降0.5%；根据国际货币基金组织（International Monetary Fund，IMF）数据显示，2017 年，全球经济增速为 3.5%。由于国际经济环境日趋复杂、贸易需求减少以及投资放缓，全国经济有放缓趋势。

据中国社会科学院统计，2016 年，中国 GDP 增速为 6.7%。自 2015 年后，中国的储蓄红利、人口红利、投资红利、贸易红利、资源红利等都在减少。同时，中国也面临着人口老龄化问题。

（二）技术形势

1. 数据资源

数据资源成为未来技术发展的新基础。“互联网 +”的源动力包括基础设施、生产要素、分工体系。其中，云网端是新的基础设施；数据资源是新的生产要素；大规模社会化协同是新的分工体系。目前，我国出现了很多以大数据为基础的平台，包括互联网、人工智能等，这些平台不但为消费者提供了便利的服务，也推动了中国经济的增长。数据成为各个企业、平台的核心竞争力之一，成为未来技术发展的新基础。

2. 智能制造

智能生产、智能工厂等智能制造正在改变制造方式。2015 年，国务院印发《国务院关于积极推进“互联网 +”行动的指导意见》，强调要大力发展智能制造，以智能工厂为发展方向，开展智能制造试点示范，加快推动云计算、物联网、智能工业机器人、增材制造等技术在生产过程中的应用，推进生产装备智能化升级、工艺流程改造和基础数据共享。着力在工控系统、智能感知元器件、工业云平台、操作系统和工业软件等核心环节取得突破，加强工业大数据的开发与利用，有效支撑制造业智能化转型，构建开放、共享、协作的智能制造产业生态。

3. 智慧物流

智慧物流正在改变传统物流的运作模式。智能物流时代已经到来，仓储及物流也成了新时代企业的核心竞争力之一。极智嘉（Geek +）作为仓储机器人领域优秀企业，率先进入医药领域，于 2017 年 7 月在国药物流有限责任公司的北京仓库试运行。机器人进入医药行业，为智能物流、智慧仓储的发展开拓了新的方向，成为仓储机器人行业的又一大突破。

"双十一"期间，2016 年比 2015 年的订单履约率提高 25%；2013 年 1 亿个包裹签收时间为 9 天，2016 年签收时间缩短为 3 天。中国快递发展得又快又好，得益于智慧物流的快速发展。

（三）竞争形势

1. 全球再工业化

一方面，发达国家开始实施"再工业化"战略。其中，美国大力发展制造业，提出"第三次工业革命"；德国提出工业 4.0 计划；日本提出"再兴战略"；韩国提出"新增动力战略"、法国提出"新工业法国战略"。另一方面，发展中国家正加快谋划和布局，积极参与全球产业再分工，承接产业及资本转移，拓展国际市场空间。

发达国家和发展中国家的全球再工业化的竞争策略，迫使中国不断转型，并对中国企业提出了更高要求，中国和中国企业必须跟上时代浪潮，用更柔性、反应速度更快的物流服务来响应市场。

2. 智能制造

工业从 1.0 发展到 4.0 经历了机械化、电气化、信息化、智慧化。智能制造的竞争就是生产模式的竞争，中国已经实现从智慧工厂到智能生产。其中，哈雷摩托的制造时间从 21 天下降到 6 个小时，制造成本也下降了 40%，这就是智慧的生产模式。

3. 服务速度

现在，物流服务速度成为各企业、平台竞争的核心优势，而服务速度的竞争是基于大数据和智能计算等技术的一场物流革命。

二、新形势对制造业供应链的影响

（一）需求形势

客户的需求逐渐多样化，生产方式开始向大规模定制化方向发展。对制造业供应链的影响主要包括 3 点。

（1）需求变化推动大规模定制化和个性化生产，制造业供应链物流模式急需创新。

（2）物流变化对制造业供应链的信息化、智能化提出了更高要求，供应链成本控制成为难点。

（3）需求变化促进制造业与物流业深度融合，信息共享给双方信息体系带来挑战。

（二）供给形势

供给模式由原来的独立、分散型供给，转变成了平台整合的服务供给模式。对制造业供应链的影响主要包括3点。

（1）平台成为制造企业的新型供给来源之一，包括青岛海达源采购平台、日日顺车小微物流服务商采购平台。

（2）一对一的联动模式制约了平台企业发挥作用。

（3）制造企业的客户需求的运营模式存在差异，而平台的定制化服务能力不强，导致制造企业有时难以借助平台与制造业完成联动。

（三）技术形势

技术进步也给制造业供应链带来很大影响，包括4点。

（1）技术变革推动了制造业物流先进装备、先进技术的应用。

（2）技术变革推动了制造业物流管理模式的智慧化、透明化。

（3）技术变革减少物流的空间移动。

（4）新技术的应用降低了物流成本，有效整合资源，提高了配送效率和资源利用率。

三、供应链发展新趋势

（一）从“3A”到“3V”的供应链转换

面对快速、多变、个性化的市场环境，企业需要提高供应链的响应能力，就需要从“3A”供应链转换到“3V”供应链。“3A”供应链指的是敏捷（Agile）、适应性强（Adaptability）和协作性（Alignment）的供应链。“3V”供应链主要包括透明可视（Visibility）、灵活多变（Variability）及响应速度（Velocity）的供应链。

（二）基于供应链的全方位采购

供应链是一个面向全方位采购者（Omni – directional purchaser）的价值链。其中，全方位价值链（Omni – directional value chain）的根基是价值链，它决定品牌商供应链的设计、采购、制造、仓储与配送等全程活动的效果。

在新时代，为满足消费者的个性化需求，价值链的合作者必须实时合作，贴近消费者并即时反应需求，最终能应用大数据帮助企业了解客户的下一个需求。

（三）协同创造价值

高德纳咨询公司（Gartner，InC.）认为，在协同基础上，价值创造是供应链的发展方向。高德纳咨询公司认为供应链的发展分为 5 个阶段：被动响应型、内部功能划分型、内部集成型、外部协同型以及价值创造型。高德纳咨询公司最新研究表明，全球 65% 的公司仍处于第一、第二阶段。

四、供应链运营建议

针对我国供应链发展新趋势，提出以下 4 点建议。

（1）企业必须建立中长期运营发展战略。

（2）积极推动制造业务与物流业务的深度融合。

（3）从“平台为王”转变为“内容为王”。

（4）发展智慧供应链网络，在供应链各个环节考虑人工智能技术，不断推动我国智慧物流的发展。

第三讲

自贸区供应链发展的战略思考

黄有方

◆ 作者简介

黄有方，博士，上海海事大学校长，教授，博士生导师。分别于1982年和1989年获得学士和硕士学位，1998年获博士学位。1989年进入上海海运学院任教，2002年美国德州大学EMBA课程学习，现任中国航海学会党委书记、理事长、上海市人大常委会人事代表工作委员会委员。历任：上海海事大学校长、上海海事大学学术委员会主任、上海海事大学学位委员会主任、上海海事大学学报主编。兼任：教育部高等学校物流类专业教学指导委员会主任委员、教育部集装箱供应链技术工程中心主任、上海国际航运中心专家委员会副主任、上海航运物流信息工程技术研究中心主任、中国物流与采购联合会副会长、中国物流学会副会长、东北亚物流学会学术委员会主席、（UNCTAD/WTO）国际贸易中心（ITC）特别国际顾问、ITC采购与供应链管理国际理事会理事、中国港口协会常务理事、上海曙光学者联谊会副理事长等职务。黄有方教授是上海市重点学科“物流管理与工程”学科带头人，目前研究方向为现代港口物流管理与工程，港航物流智能化信息理论与系统，采购与供应链管理综合环境等。

近年来，黄有方教授在国内外刊物、学术会议上发表论文90余篇，著作、各类专利多本（项），并负责或为主完成科技部863项目、国家自然科学基金、工业和信息化部、教育部、交通运输部、上海市科委、上海市教委、上海市教委曙光后项目、上海市优秀学科带头人项目等国家级、省部级和企业委托科研项目近50项，申请和授权的专利近10项。

在美国、欧洲、日本、韩国、新加坡、联合国贸易和发展会议、联合国国际贸易中心、国家发展和改革委员会、中国物流与采购联合会、上海浦东干部学院、上海市委党校、上海市干部教育中心、重庆等各地方政府、清华大学等高校发表演讲50余场。

2017年10月13日，国务院办公厅印发《关于积极推进供应链创新与应用的指导意见》（以下简称《意见》）。《意见》指出，供应链是以客户需求为导向，以提高质量和效率为目标，以整合资源为手段，实现产品设计、采购、生产、销售、服务等全过程高效协同的组织形态。推进供应链创新与应用，有利于推动集成创新和协同发展，是落实新发展理念的重要举措；有利于促进降本增效和供需匹配，是供给侧结构性改革的重要抓手；有利于打造全球利益共同体和命运共同体，推进“一带一路”建设落地，是引领全球化提升竞争力的重要载体。

一、供应链的发展现状

供应链通过整合商流、物流、信息流、资金流来完成社会生产活动的网链结构，供应链管理则是对供应链进行计划、组织、协调、控制。

目前，供应链管理面临着5大挑战：成本控制、供应链可视性、风险管理、持续增长的客户需求和全球化。其中，在成本控制方面，传统的成本降低方式对企业已经不再有效，增加供应链柔性也许能够帮助企业找到其他降低成本的方法；在供应链可视性方面，由于缺乏相应的支持以及协同意愿，供应链可视性受到了限制；在风险管理方面，流程、数据和技术被视为目前供应链风险管理的障碍，然而，它们也是完善风险管理的重要支撑；在持续增长的客户需求方面，客户对供给和需求的精确同步提出了更高要求；在全球化方面，虽然全球化对于企业来说是一个正面因素，但前置期（从发出订货单到收到货物的时间间隔）、配送和质量仍是供应链最大的挑战。

供应链管理离不开信息技术，区块链、移动互联网、物联网、人工智能、大数据、云计算等技术推动供应链的快速发展。

二、自贸区+供应链

（一）自贸区

2013 年，国务院批准设立上海自贸区，其后又设立了广东、福建和天津 3 个自贸区。2017 年，国家又批准 7 个省设立自贸区，形成“1+3+7”的模式。其中，上海自贸区侧重于推动改革和开放，处理好政府和市场的关系。在全国范围内，自贸区的布局已经基本形成，也将会推动我国经济的发展以及提高我国的物流水平和质量，跨境电商也将会得到广泛的重视。

自贸区的功能主要包括以下两点。

1. 吸引外资企业设厂

自由贸易区除了具有自由港的大部分特点外，还可以吸引外资设厂，发展出口加工企业，允许和鼓励外资设立大的商业企业、金融机构等促进区内经济综合、全面地发展。

2. 生产加工功能

高标准的自由贸易区具有大宗商品全球配置能力，可以在自贸区内对产品进行生产加工，提高商品的附加值和流通效率。

（二）自贸区供应链

中国作为全球第二大经济体、第二大消费国、第一大出口国、第一大进口国，推出的“一带一路”倡议、亚洲基础设施投资银行等都说明国际高标准是中国自贸区的必然选择。

自贸区改革创新的核心是自贸区供应链的改革与创新，自贸区供应链的核心是贸易流、资金流、信息流、物流的安全、高效、可靠、协同。目前，自贸区的建设更多依靠的是政府，但真正的主体应该是企业。所以，在促进供应链与产业链一体化发展的同时，要促进政府职能的转变，让政府搭建平台，企业成为主体。未来，中国应该围绕“自贸区 + 供应链”推动全球供应链体系创新，培育自贸区国际竞争新优势，而其中重点研究的应该是信息流、物流、商流和资金流的一体化发展。

三、自贸区跨境电商

自贸区内相关政策的放宽，为跨境电商行业提供了更大的发展空间以及政策扶持。跨境电商包括两种模式：跨境电商的直营模式、自贸区环境中的跨境电商模式。在自贸区环境中的跨境电商有 3 点优势：货物品种更加丰富、物流时间缩短、贸易成本降低。

但是，跨境电商在物流方面存在以下两点问题。

（1）清关方面。由于各个国家海关政策不同，对进出口货物的审查规则也不同，一旦出现申报不合格的商品，海关一律采取滞留方式，导致消费者无法按时收货。因此，实现跨境电商企业与海关系统的“无缝对接”十分重要。

（2）安全方面。商品出境后，物流就难以追踪，特别是部分不发达地区，很难查询到商品的情况。另外，各国食品安全标准的不同也会带来安全问题。

第四讲

物流发展新特点

翁心刚

◆ 作者简介

翁心刚，北京物资学院副校长。1961 年 10 月出生于北京市，经济学博士，教授。1983 年 7 月，毕业于北京经济学院物资管理系。于 1989—1992 年与 1996—1999 年，赴日本流通经济大学学习，分别获得硕士学位和博士学位。历任北京物资学院团总支书记、院长办公室科长、企业管理系副主任、研究生部副主任、研究生部主任、北京物资学院院长助理。2006 年 12 月，任北京物资学院副校长。

主要社会兼职：中国物流学会副会长、中国物流技术协会副理事长、中物联物流规划研究院特邀研究员。

主要研究领域：物流管理、供应链管理。

随着经济全球化的发展，市场竞争从企业之间的竞争发展到供应链之间的竞争。与此同时，物流发展也有了新特点，主要包括以下 4 点：信息化与物流业深度融合、物流技术快速发展、电子商务拉动物流发展、经济全球化催生国际物流。

一、信息化与物流业深度融合

1975 年 1 月，在第四届全国人民代表大会第一次会议上，周恩来在《政府工作报告》中宣布："从第 3 个五年计划开始，我国国民经济的发展，可以按两步来设想：第一步，用十五年时间，即在 1980 年以前，建成一个独立的比较完整的工业体系和国民经济体系；第二步，在21世纪内，全面实现农业、工业、国防和科学技术的现代化，使我国国民经济走在世界的前列。”在国家的政策支持下，传统物流业逐渐发展成为现代物流，现代物流最大的特点就是信息化。其中比较重要的运作系统包括运输管理系统（Transportation Management System，TMS），仓储管理系统（Warehouse Management System，WMS）。

TMS是一种“供应链”分组下的（基于网络的）操作软件。主要包括订单管理、配载作业、调度分配、行车管理、GPS车辆定位系统、车辆管理、人员管理、数据报表、基本信息维护、系统管理等模块。它能通过多种方法和其他相关的操作一起提高物流的管理能力，包括管理装运单位、指定企业内和国内外的发货计划、管理运输基准和费用、维护运输数据、生成提单、优化运输计划、选择承运人及服务方式、招标和投标、审计和支付货运账单、处理货损索赔、安排劳力和场所、管理文件（尤其当国际运输时）和管理第三方物流等。该系统能在很大程度上提高运作效率，降低运输成本。

WMS是通过入库业务、出库业务、仓库调拨、库存调拨和虚仓管理等模块，对批次管理、物料对应、库存盘点、质检管理、虚仓管理和即时库存管理等业务进行管理的系统。该系统可以有效控制并跟踪仓库业务的物流和成本管理全过程，实现企业的仓储信息管理。该系统可以独立执行库存操作，也可与其他系统的单据或凭证等结合使用，为企业提供更为完整的物流管理、财务管理信息。

实现物流信息化，对于物流企业来说具有重要意义：可以帮助物流企业实现物品流通过程的高效化，节约一切可以节约的成本，实现利润最大化；有利于提高顾客的服务质量；有利于加强供应链之间各企业的合作伙伴关系，以实现整个供应链的价值最大化。

二、物流技术快速发展

技术创新与进步是推动物流业快速发展的重要力量。从物流硬性技术水平发展看，涉及物流业相关的装备、运输、仓储、装卸、包装、集装化、信息化等技术水平近年来大幅提升，为物流业快速发展提供了重要保障。其中，高速公路、重载铁路、高速铁路等建设发展及相关运输装备提升，对大宗物流及快运快递物流发展起到重要的运力支撑。

三、电子商务拉动物流发展

电子商务是以信息网络技术为手段、以商品交换为中心的商务活动。电子商务作为一种新的数字化商务方式，代表未来的贸易、消费和服务方式，同时也推动着物流的发展。因此，要使物流快速发展，就需要打破原有工业的传统体系，发展建立以商品代理和配送为主要特征，物流、商流、信息流有机结合的社会化物流配送体系。

近年来，我国电子商务产业发展很快，但是信用体系建设不完善，已经严重制约了电子商务的发展。电子商务信用问题主要表现在：网络注册信息不真实、客户信息资料泄露严重、虚假宣传泛滥、售后服务保障不完善、物流质量得不到保证等。因此，强化电子商务立法工作，营造一个公开、公平、公正的法律环境，明确参与电子商务各方的法律责任，遏制交易商和服务商的不良行为和不法行为就显得十分重要。

四、经济全球化催生国际物流

经济全球化使世界形成了国际化大生产、国际资本大流动、国际贸易大发展的新格局，跨国生产和全球采购逐渐发展起来，致使全球货物贸易量增加，全球物流规模增加，物流活动范围扩大，物流逐渐国际化。

随着经济全球化的发展，区域间贸易壁垒的消除也成为驱动国际物流发展的主要因素之一。一方面，经济体内部解除管制，为促进本地经济发展而采取的放松管制的政策，释放了国际物流的市场空间；另一方面，经济体之间消除国际贸易壁垒、建立贸易协定和贸易区，都为国际物流的发展提供了有利条件。

2013 年 9 月 7 日，国家主席习近平在哈萨克斯坦纳扎尔巴耶夫大学发表演讲，提出了共同建设“丝绸之路经济带”的畅想。同年 10 月 3 日，习近平在印度尼西亚国会发表演讲，提出共同建设“21 世纪海上丝绸之路”。这两者共同构成了“一带一路”重大倡议。“一带一路”横贯亚欧大陆，连接着欧洲经济圈与亚太经济圈这两大繁荣经济区域，这一倡议的实施对于促进沿线国家经济合作、互利共赢，推动区域经济一体化发展具有重要意义。“一带一路”倡议的提出，使各国间的贸易及物流联系变得更加紧密。因此，国际物流与国际贸易的协同发展至关重要。

第五讲

日本城市物流规划现状

石川友保（日本）

◆ 作者简介

石川友保，东京商船大学博士，日本福岛大学教授。主要研究方向：物流管理、供应链管理。曾就职于：计量计画研究所、东京大学、日立建机（株）。主要著作：《物流概论》《供应链管理》《管理概论》《医院物流》等。

一、日本城市物流的现状

城市物流网络按空间的大小可以分为 3 类：运输网络、配送网络、搬运网络。其中，运输网络范围较大，配送网络范围较小，搬运网络范围最小。这 3 个网络由 4 个节点相连接：广域的物流基地、城市内的各级配送基地、货物的处理设施点、出发地或者目的地。其中，广域的物流基地在日本被称为“流通区域”，集中建设了大量物流设施。

随着社会的发展，流通区域逐渐由以低层建筑为主变为以高层建筑为主；仓库逐渐由储存型仓库变为流通型仓库；航站楼逐渐由低层变为高层。

日本在城市交通方面也有相关法律规定。大型货车在星期六晚上 10 点到星期日上午 7 点不允许通行，但全面限制会造成不便，于是规定在限制时间内，大货车仅在城市临海的边角地区可以通行。

在城市内卸货主要有两种方式，第一种是在一个包含多个高层建筑区域的地下建设共同的配送通道进行装卸货。通过配送通道可以为各个大楼服务，直接配送到各层，并且人和货的通道是分离的，保证安全、提高配送效率。第二种是地面配送，这种方式易使货车聚集在一个区域，造成城市交通拥堵。因此，日本政府规定货车只能在限定时间、限定区域内进行装卸货。

二、老龄少子化与物流的关系

一般情况下，在城市规划时主要考虑两个方面：移动性和有效性。移动性是针对人的交通，即出行方便；有效性是针对物的交通，即道路通行方便。目前，日本面临着严重的老龄少子化问题，存在大量购物不方便的老年人，特别在一些小城镇，消费不断减少导致商店不断减少，购物就要到更远的地方，使老年人购物更加不方便，造成“购物弱势群体”问题。日本政府为了解决这个问题提出以下 3 种办法。

（1）送货到家。日本的“真心”快递服务是专门针对老年人的服务。快递员不但会定期上门确认老人是否安全，而且还会帮他们买东西、送药。在日本，患者买药必须经过药剂师，通常是患者在家里与医生进行视频诊断后，药剂师再通过快递员将药送到患者手中。

（2）开设便利店。对于人口不太密集的地区，货物的配送时间长且成本高。所以，可以规划开设便利店，以解决频繁配送与送货距离远的问题。

（3）改善物流设施。通过建设物流基础设施和改善配送方式，可以提高配送效率。其中，配送方式可以采用客货混载、购物代理等模式。

三、城市物流与环境的关系

（一）城市物流对环境的影响

1. 全球变暖

在日本，各个行业的碳排放量占比中，运输部门占比为 17.2%。其中，20.7%来自陆运，2.7%来自海运、空运。城市物流是导致全球变暖的重要原因之一。

为了应对全球变暖问题，企业开始使用碳排放量少的设备，如在仓库使用 LED 灯；运输时采用绿色驾驶的方式，即不突然加速、减速，并且在停车等待时关掉发动机等。

2. 环境污染

环境污染主要分为大气污染、水污染和土壤污染。日本通过制定相关政策限制污染物的排放并鼓励使用绿色能源，在一定程度上控制了环境污染。

3. 噪声污染

为了减少噪声污染，工厂可以设置防噪声的墙壁和隔板，并且在适宜的时间进行生产加工作业，也可以把工厂搬到住宅区较少的地方等。

（二）改进措施（3R 问题）

1. 减少垃圾（Reduce）

绿色物流是指在物流过程中抑制物流对环境造成危害的同时，实现对物流环境的净化，使物流资源得到最充分利用。因此，企业应根据实际生产需要购买原材料，并且防止过度包装。

2. 重复利用（Reuse）

重复利用是将之前使用过的物品以原状或者简单加工后再使用。如旧衣服、一次性餐具、旧书等常见的生活废品。日本的垃圾分类一般是 4 ~ 5 类，垃圾的分类越多，重复利用的比例就越高。生活废品的重复利用，不但可以减少资源浪费，还可以培养人们的节约意识。

3. 循环利用（Recycle）

循环是将废品变为可再利用材料的过程，它与重复利用不同，后者仅仅指再次使用某件产品。

日本的回收方法主要有 3 种。

（1）在城市多个地方放置回收箱，回收可循环物品。

（2）将垃圾回收站分为可回收区域和不可回收区域，以回收可循环利用物品。

（3）由地方政府对垃圾进行挑选回收。

日本的回收箱主要有 4 种。

（1）不装传感器的回收箱，回收范围较大。

（2）装传感器的回收箱，回收范围较大。

（3）不装传感器的回收箱，但是回收范围较小。

（4）装传感器的回收箱，回收范围较小。

通过实验分析，第二种回收箱和第一种回收箱相比，收集和搬运的费用减少了17.4%；第四种回收箱和第三种回收箱相比，收集和搬运的费用减少了19%。因此，回收箱装传感器可以减少收集和搬运费用。

第六讲

日本城市物流政策

苦濑博仁（日本）

◆ 作者简介

苦濑博仁，早稻田大学工学博士，日本流通经济大学教授。曾任：东京商船大学教授；东京海洋大学教授；东京海洋大学理事、副校长（2009—2012年）；东京海洋大学名誉教授；日本物流学会会长（2011—2015年）。兼任：菲律宾大学、韩国仁荷大学、东京大学客座教授；日本规划行政学会副会长（2016年至今）。主要研究方向：城市物流规划；物流设施的配置与布局；城市生活与现代物流的相互关系；现代物流的库存管理与运输管理；公路、港口等物流基础设施规划。主要著作：《物流历史》《物流系统》《物流概论》《供应链管理》《公路交通规划》《城市发展与物流产业》等。

一、日本物流的历史

（一）运输方式

1. 水路运输

日本在规划建设城市时受到中国风水学的影响，大多城市按照“北有山、南有水”的规则进行选址。在建设过程中也会考虑物流问题，城市的周边通常都有河以及简易港口。当时，日本的内陆运输大多利用内河，并且日本的河道比较短、窄、流速急，因此，船只都较小。

2. 铁路运输

火车对日本的经济发展起到了重要作用。100 多年前，日本铁路专门用来运输煤炭等燃料，还向国外运输矿产资源。但是，由于日本基础设施的落后，运输方式逐渐由铁路变成了货车。

3. 货车运输

在日本，便利店基本都是由货车进行运输，从工厂到物流中心再到各个门店。货车安装有 GPS 定位、温度监控等，整个运输流程都可以实现实时监控、无人化操作。

（二）城市物流系统

随着运输方式的改变，出现了城市物流系统。城市物流系统包括基础设施、运输管理系统、货物管理系统、车内货物识别系统等部分。该系统不仅包括货物流动的状态，还包括静止状态（家庭、仓库、工厂）。

二、日本的物流政策

第一次综合物流规划大纲（1997—2001 年）：为亚太地区提供最便捷、最具吸引力的物流服务；以不成为产业布局竞争力阻碍因素的价格提供物流服务；应对物流中的能源、环境、交通安全等问题。

第二次综合物流规划大纲（2001—2005 年）：建立包括成本在内的、具有国际竞争力的物流市场；建立一个环保的物流系统，为循环型社会做出贡献。

第三次综合物流规划大纲（2005—2009 年）：实现国际和国内快速、无缝、低成本的综合物流；实现“绿色物流”等高效环保物流；实现保障人们生活安全、安心的物流系统。

第四次综合物流规划大纲（2009—2013 年）：实现支持全球供应链的高效物流；实现物流对环境的影响较小；确保安全、可靠。

第五次综合物流规划大纲（2013—2017 年）：通过发展国际物流、建设物流基础设施、培养物流人才等，实现高效物流；通过高效物流实现环保物流，引入节能、节油的环保汽车；物流灾害防治，维护社会资本安全、运输安全。

三、日本城市物流管理

（一）交通的“分、减、换”

1. “分”

（1）划分空间。设置货车专用道路、货车专用装卸站。

（2）划分时间。划分通行时间段、停车时间段，停车场按时间利用。

（3）划分方式。分为火车、汽车、船舶和飞机。

2. “减”

（1）减少车辆数量。共同配送、设施和道路直接连接。

（2）减少重量。减少过度包装、超载。

（3）减少次数。减少配送的次数，降低配送的频率。

（4）减少时间。流水线作业，预检设备以减少等待时间。

3. “换”

（1）换手段。改变人的出行方式，改变物的流通方式。

（2）换路线。设定绕行路线，按时区控制行驶路线。

（3）换设施。更换高效节能的物流设施。

（4）换责任方。货主、物流公司、交货公司等。

（二）日本城市物流管理的对象

1. 区域物流节点（港口、机场、物流园区）

（1）确定节点物流设施的最佳选址、数量、配置、运营规模等。

（2）维护城市新设施、更新城市老化设施。

2. 交通（公路、铁路、航线网络）

（1）“分、减、换”交通。

（2）通过共同配送及建筑设计的便利化来提高城市物流效率。

3. 物流环境

建设居民居住场所时要考虑货车的交通问题，通过运输数据对居住场所进行物流控制和调节，从而改善物流环境。

4. 装卸设施

城市商店、住宅、办公大楼等建筑的停车场以及装卸点的设施维修。

四、灾害时的物流计划

日本自然灾害发生频率高，灾害准备工作十分重要。日本在规划城市时，就会建立防灾物流系统，政府平时也会对重要地区进行多种灾害演习，以达到发生灾害能迅速进行救援，把损失降到最低。完善的灾害准备工作取得了良好的效果：受灾规模有所减少；短时间内完成救助补给；灾区重建时间缩短。

第七讲

基于产业供应链互联网模式的创新

宋　华

◆ 作者简介

宋华，1969年生于武汉，1995年获中南财经大学经济学博士学位，1997—1999年赴日本京都大学经济学部作博士后研究工作。现任中国人民大学商学院副院长、教授、博士研究生导师。我国知名物流专家，兼任中国物流学会副会长、北京现代管理研究会会长、中国管理现代化研究会副秘书长、商务部市场调控专家库专家、南开现代物流研究中心兼职研究员、中国物流与采购联合会物流金融专委会“中国物流金融智库专家”等职。

宋华主要从事物流与供应链管理、企业间关系与战略管理等方面的研究，特别是对供应链金融、服务商、战略采购以及双边关系和供应链柔性有深入研究。目前发表物流管理、供应链相关论文50余篇，并出版专著10余部。

一、供应链商业模式

在2017年10月13日国务院办公厅发布的《关于积极推进供应链创新与应用的指导意见》中，明确提出“以供应链与互联网、物联网深度融合为根本路径，以信息化、标准化、信用体系建设和人才培养为支撑，创新发展供应链新理念、新技术、新模式，高效整合各类资源和要素，提升产业集成和协同水平，打造大数据支撑、网络化共享、智能化协作的智慧供应链体系，助推供给侧结构性改革，促进经济结构转型升级，提升我国经济全球竞争力”，从而使得全社会都在探索现代供应链对于建设现代经济体系和深化产业结构改革的作用。

二、现代供应链产生的背景：产业互联网

现代供应链的形成是伴随着互联网，尤其是产业互联网的发展而发展的。近年来，随着互联网的发展，特别是人工智能、物联网的运用，以及后台云计算和大数据能力的提高，互联网对社会经济的推动作用已不再仅局限于消费领域，而是逐步渗透产业运行中，各行业如制造、医疗、农业、交通、运输等都将在未来互联网化，即企业利用互联网进行生产、经营、服务管理方式等的改造。

（一）物流的互联网化

物流的互联网化是物流行业利用互联网发展模式，在时空匹配、运营监控、资源配置等方面实现在线化、互联化，使物流活动更加“智慧化”“智能化”，改变物流业的运作模式和流程。在具体的操作中，物流与互联网的融合推动了物流智能化网络化的发展，移动互联网、物联网等新的感知、传输技术与手段使整个物流过程都能够通过实时的反映和控制来增强管理的透明度，提高管理的效率和效益，促进信息流、商流以及物流在供应链中的无缝传递，推动整个供应链一体化发展。同样，边缘计算、雾计算、云计算等新型计算技术能够通过及时分析物流状态，提前测算并模拟出最佳的物流流程，指导实际的物流过程，使得货物的实际仓储、输送变得相对自动化，甚至是精准，消除了无效物流和冗余物流，缩短了等待时间，再加上以自动化设施支撑的物流操作和即时的服务响应，使得“按需生产”“零库存”“短在途时间”“无间隙传送”成为网络物流的理想状态。

（二）全产业链业务活动的互联网化

随着物流和金融等局部活动的互联网化，互联网的推进作用将逐渐嵌入企业的产品设计和运营设计中，使企业能够运用人工智能、区块链、大数据、物联网等新的技术和手段对产业的整体运营流程与结构安排进行重新思考，进而改变整个产业的价值创造方式。这种全产业链业务活动互联网化主要反

映在 3 个方面。

（1）通过将物联网、智能工业机器人、增材制造等技术运用于生产过程中，推进生产装备智能化升级、工艺流程改造和基础数据共享。

（2）利用互联网采集客户的价值诉求，并对接个性化需求，推进设计研发、生产制造和供应链管理等关键环节的柔性化改造，实现 C2B2M 个性化产品的服务模式和商业模式创新。

（3）通过互联网与产业链各环节的紧密协同，促进生产、质量控制和运营管理系统全面互联，推行众包设计研发和网络化制造等新模式。

三、现代供应链的内涵和创新要素

在产业互联网发展的背景下，现代供应链成为一种新的生产组织模式并为经济转型升级提供了重要动能。传统的供应链是“生产及流通过程中，为了将产品或服务交付给最终用户，由上游与下游企业共同建立的网链状组织”，目的在于提高企业的效率和效益。而现代供应链在供应链结构、供应链流程和供应链要素等方面都发生了改变，而这些因素正是供应链的核心。

（一）供应链决策智能化

供应链决策智能化是指在供应链规划和决策过程中，运用各类信息和大数据，驱动供应链决策包括从采购决策、制造决策、运送决策到销售决策的全过程。通过大数据与模型分析工具的结合，供应链决策智能化能够最大化地整合供应链信息和客户信息，正确评估供应链运营中的成本、时间、质量、服务、碳排放和其他标准，实现物流、交易以及资金信息的最佳匹配，分析各业务环节对资源的需求量，并结合客户的价值诉求，更合理地安排业务活动，使企业不但能根据顾客要求进行业务创新，还能应对顾客需求变化带来的挑战。

（二）供应链主体生态化

商业生态系统理论认为，众多的组织和个体都是价值创造的一部分，其相互之间共同作用，有机地组织在一起，推动商业网络的形成、发展、解构和自我更新。这种生态化的网络结构推动着供应链组织方式和行为方式发生改变，即从原有的双边结构经三边结构向四边结构转化。

（三）供应链活动的服务化

供应链活动服务化是指在供应链运行中能有效整合各种要素，使要素聚合的成本最低、价值最大的服务管理。这种服务管理不仅通过交易、物流和资金流的结合实现有效的供应链计划（即供应链运作的价值管理）、组织（即供应链协同生产管理）、协调（即供应链的知识管理）以及控制（即供应链绩效和风险管理），而且通过多要素、多行为交互和集聚为企业与整个供应链带来新的机遇，有助于供应链创新。

（四）供应链管理可视化

供应链管理可视化是利用信息技术，通过采集、传递、存储、分析、处理供应链中的订单、物流以及库存等相关信息，按照供应链的需求，以图形化的方式展现出来，主要包括流程处理可视化、仓库可视化、物流追踪管理可视化和应用可视化。

四、现代供应链创新路径

（一）定义价值

定义价值是通过与产业供应链中各潜在参与者合作，了解产业和各主体存在的问题及价值诉求，并根据价值诉求确定供应链目标。在现代供应链的价值创造中，客户不再是单纯的产品和服务的被动接受者，而转变为价值创造的参与者，企业的所有活动都是为了支持客户的价值创造。

定义价值首先需要关注产业价值链的优化。其次，对供应链所有参与者的服务需求进行定义。最后，明确供应链目标定位和价值评价体系。

（二）承诺价值

价值承诺是通过与利益相关者协同，实施或升级相应的商业活动，从而为客户实现价值创造的过程。这一过程需要从运营流程、资源和能力以及绩效衡量三个方面予以考量。激励机制是价值承诺中的核心要素，即根据供应链中每个参与者的边际贡献确定边际收益和回报。

（三）实现价值

实现价值是通过系统化的工具和框架来实现定义与承诺的价值，确定各方都能接受的预期绩效。这种价值的实现主要表现为根据承诺的价值所确立的业务和技术架构。此外，快速迭代也是价值实现的重要方式，即以用户为中心设计应用，根据用户反馈快速调整，在供应链业务实践中不断修正技术，避免传统供应链调整周期较长、系统不具备适应性等问题。

第八讲

航空与航空物流

赵经验

◆ **作者简介**

赵经验，现任日通国际物流（中国）有限公司华东区及上海分公司总经理。自1984年进入中国民用航空局至今，赵经验经理在航空货运及物流领域工作了30多年，经历了中国航空物流业从从无到有、由小到大的发展过程。在加入中国日通之前，赵经验经理曾就职ANA货运部门从事货运销售及操作工作近24年。

发展航空和航空物流业是落实中国民航强国战略的重要环节。随着“一带一路”倡议的推动，我国民航业进入全新的发展阶段，这也对机场、航空领域的整体运营提出更高要求。

一、航空

（一）飞机

波音747－8客机和747－8F货机是波音747系列的新机型，其融合了波音747系列的经典优势与波音787系列的创新技术。波音747－8货机的总业载能力可达154吨，载负量比波音747－400F高出16%，航程也更远。

空中客车A380是空中客车公司研制生产的四引擎、555座级超大型远程宽体客机，总重571吨，比波音747－400重157吨；客舱为双层结构，客舱面积是波音747－400的1.5倍；机体总长72.7米，比波音747－400长2米；宽度80米，比波音747－400长15米。A380的派生机型A380－800F，机头无法开门，机身无法装卸长尺寸货物，其构造同波音 747－400F 相比不具优势。目前，A380－800F 尚无订单，该种机型的研发也因此中断。

An－225 运输机是苏联安东诺夫设计局研制的超大型军用运输机，该机起飞重量 640 吨，是迄今为止全世界载重量最大的运输机与飞机，其翼展宽度仅次于美国休斯力士运输机，是翼展第二宽的飞行器。An－225 运输机可以运送超大型货物，机舱的载重量可达到 250 吨，机身顶部的载重量可达到 200 吨。

（二）航权

航权是指国际航空运输中的过境权利和运输业务权利，也称国际航空运输的业务或空中自由权。航权一般分为 5 类：领空飞越权、技术经停权、目的地下客和货权、目的地上客和货权、经停第三国境内某点上下旅客或货物权。

（1）领空飞越权，指拥有不着陆飞跃缔约国领空的自由。

（2）技术经停权，指本国航机可以因技术需要（如添加燃料、飞机故障或气象原因备降）在协议国降落、经停，但不得做任何业务性工作如上下客、货、邮。

（3）目的地下客和货权，指一个国家或地区的航空公司自其登记国或地区载运客货至另一个国家或地区的权利。

（4）目的地上客和货权，指一个国家或地区的航空公司自另一个国家或地区载运客货返回其登记国或地区的权利。

（5）经停第三国境内某点上下旅客或货物权，指一个国家或地区的航空公司在其登记国或地区以外的两国或地区间载运客货，但其航班的起点必须为其登记国或地区的权利。

二、航空物流

（一）经济发展

全球经济和世界贸易的增长是航空货运发展的第一推动力，同时，航空物流业的发展趋势也是全球经济的“风向标”。一般情况下，航空货运通常只占全球贸易运输量的 1%，但其货物总价值超过全球贸易货运总值的 40%。2017 年全球共有 6190 万吨货物选择空运，总价值 6 万亿美元。

（二）机场的功能和规模

1. 机场连接性

机场连接性包括利用航空公司自主航线、利用联盟航空公司现有航线、利用地面的非航空公司运力等，形成点对点之间的连接关系。

2. 机场吞吐量

机场吞吐量主要依靠枢纽机场功能、货物中转能力、足够的货机起降系数等。

3. 综合成本

综合成本主要包括三部分：政府收费（进近指挥费、航路航行费）；机场收费（飞机起降费、停场费等）；其他收费（地面代理费、货代操作费等）。

（三）面临的问题

1. 货运代理

货代经营规模较小，提供的服务和手段单一，难以达到专业化和国际化水平。另外，货代行业门槛低，从业者数量过剩将导致供求关系失衡。

2. 站点设施

航空货站分散，以及货运设施、安检设施的自动化、智能化水平低，使得业务操作标准和流程不统一，导致物流效率降低、物流成本升高。

3. 一关三检

中国物流业，从 2012 年开始历时近 4 年经历了“营改增”的变化和完善。2014 年，海关对进出口货物的监管更加系统化，报关模式和操作流程的复杂度也随之增加，给货代企业带来了新的挑战。

（四）国际贸易的发展趋势

未来，美国将把在中国的生产企业逐步转到墨西哥或美国本土。以汽车企业为例，2015 年，北美市场汽车销量的 19.5% 是由墨西哥工厂生产的。预计到 2023 年，北美市场中，墨西哥生产的汽车比重将会增长到 26.9%。而现在美国汽车生产的中心——密歇根州，汽车生产比重将由 2015 年的 13.8%，预计下降到2030年的11.9%。另外，日本的生产企业也逐渐从中国转向亚洲其他国家，高附加值产品转为日本本土生产。

中国从以前的“中间集成商”转变成“自主研发商”，开始自主生产零部件，进口量大幅减少。另外，出口的商品也从低成本产品转变成自主打造的中高档次产品。同时，中国的运营成本和雇用管理的风险也将增加。

第七篇

2018年春季学期
物流名家讲堂

VII

第一讲

智慧农业一条龙
——小农企业新零售模式探讨

李宗儒

◆ 作者简介

李宗儒，美国德州农工大学工业工程博士，中兴大学营销学系教授。曾任中兴大学创新产业推广学院副院长、中兴大学秘书室媒体公关组组长、中兴大学营销系主任、中兴大学电子商务研究所所长、中兴大学“电子商务暨知识经济研究中心”主任。

主要社会兼职：IJAITG 国际期刊主编、EBR 国际期刊副主编、IJLEG 国际期刊副主编、IJGC 国际期刊副主编、IJECRM 国际期刊编辑委员、IJIIM 国际期刊编辑委员、JSCR 国际编辑委员、WRITR 国际期刊编辑委员、“电子商务研究”国内期刊编辑委员。

一、小农企业与传统农业的区别

在《新帕尔格雷夫经济学大词典》关于小农词条的简短定义是：“小农是耕种土地的人，无论他对他的小块土地是否拥有绝对的所有权，他都有地可种。”小农经济词条给小农的定义是：“小农是居住在乡村并在土地上工作的人。”小农企业与传统农业的差异主要表现在以下 3 个方面。

（1）重视农业安全。从事小农行业的农民教育水平较高，积极申请有机或产销履历等认证标章，对农产品种植进行现代化管理。

(2) 升级智慧农业。智慧农业中的农民被称为“科技农民”，这些农民在田间通过科技渠道将资讯实时传递到消费者端，吸引消费者到田间进行体验，这一过程也称作“体验行销”“体验农业”。

(3) 自创产业品牌。品牌的建立依托于人类情感，小农企业主要通过社交网站及农民集市进行品牌宣传，通过创造品牌故事，让消费者融入故事情景里，将消费者与品牌结合在一起。通常自创产业品牌的企业，其产品售价高于市场价约25%。

二、小农企业面对的困难

（一）基础设施落后

由于多数小农企业建在乡村，其基础设施建设相对落后，且种植规模通常较小，难以形成可观长久的收成。因此，为了使小农企业建设成现代化的农业，必须要通过政府进行推动、帮扶。

（二）农村人口老龄化

目前，台湾人口老龄化问题严重，很多年轻一代的人选择不婚、不育。正因如此，小农经济需要向智能化、轻量化的方向发展。

三、小农企业的解决方案

（一）拓展产业销路

受小农企业本身的特点影响，其生产的农产品销售路径比较少。传统的小农企业农产品主要通过合作社进行销售，但是，这种方式无法保证农民的利益。现在，小农企业不再受限于批发商，而是成立农民协会（简称农会），协助农民将农产品集中销售。农会架构完整，其资金流、物流、信息流流通顺畅。

（二）发展智慧农业

农会聚集小农企业进行“一条龙”生产，统一进行生产、冷链运输等管理，推动小农企业向“智慧农业”的方向发展。

台湾新型的农业管理采用人造卫星、无人机等现代设备采集生产信息，其可精准判断农产品成熟度、预测产品收成，并且在运送货物时进行温度监管。

（三）冷链管理

小农企业的冷链管理通常有 2 个途径：一是与中国仓储电子商务平台联合进行生鲜商品的保存，以延长商品寿命；二是多个农户联合起来并通过第三方公司为其提供服务，以降低保存成本。

四、小农企业的未来发展

未来，小农企业主要有以下 6 个发展方向：

（1）产地组成组织，分级出货；

（2）开发简便检验机制，降低成本；

（3）入驻专业经理人；

（4）吸引大型企业投资，进驻农村；

（5）发展农村冷链，进行产品运送及保存；

（6）培养农村人才。

未来，小农企业将向着科技农业的方向发展，使农产品生产与环境紧密相连，形成对环境友好、对人民健康的生态循环系统。

第二讲

中欧班列——中国与欧洲之间的铁路运输

桥诘博敏（日本）

◆ 作者简介

桥诘博敏，日通国际物流（中国）有限公司北京分公司副总经理。曾任：日本通运株式会社八重洲航空支店国际货物第一课职员、深川航空支店输出第一课职员、罗马驻在员事务所派遣（海外业务研修员）、东京航空支店输出营业部营业第二课主任、东京航空支店国际货物第一营业部输出第一课主任、东京航空支店国际货物部输出开发第三课系长、名古屋航空支店国际货物开发课系长、大连日通外运物流有限公司空运部长、东京航空支店国际货物部综合运输服务课长、航空事业支店国际货物部综合运输服务课长。

一、中欧铁路的概要和发展

中欧班列是指按照固定车次、线路等条件开行，往来于中国与欧洲及“一带一路”沿线各国的集装箱国际铁路联运班列。

1992 年 12 月，由连云港发出首列国际集装箱联运“东方特别快车”，西至荷兰鹿特丹港，标志着亚欧第二大陆桥运输的正式开办。2011 年 1 月，重庆直达杜伊斯堡的班列，成为最早开通的中欧班列。2011 年 11 月，开通沈阳到莱比锡班列。2013 年 10 月，开通成都到波兰班列。截至 2016 年 3 月，中欧班列自开通以来共运行 1000 列。2017 年 9 月，开通义乌到伦敦班列。

二、“一带一路”中的中欧班列

“一带一路”中的“一带”是指经中亚、俄罗斯、中东欧、西亚延伸至欧洲的陆上运输通道，“一路”是指经东南亚、南亚至印度洋，进而延伸至欧洲的海上运输通道。

“一带一路”中的中欧班列的各节点城市，需要构建“丝绸之路经济带”的创新合作模式，各城市之间要加强“五通”，即政策沟通、设施联通、贸易畅通、货币流通和民心相通，以“点”带“面”，从“线”到“片”，逐步形成“区域大合作”格局。

1. 政策沟通

沿线各国可以就经济发展战略和对策进行充分交流对接，共同制定推进区域合作的规划和措施，协商解决合作中的问题，共同为务实合作及大型项目的实施提供政策支持。

2. 设施联通

沿线各国应加强交通、能源、通信等基础设施建设。交通方面，优先建设缺失路段，畅通瓶颈路段，提升道路通达水平；能源方面，推进跨境电力与输电通道建设，积极开展区域电网升级改造合作；通信方面，共同推进跨境光缆等通信干线网络建设，畅通“信息丝绸之路”，规划建设洲际海底光缆项目。

3. 贸易畅通

贸易畅通解决投资贸易便利化问题，消除投资和贸易壁垒；加快边境口岸“单一窗口”建设，降低通关成本，提升通关能力；拓展相互投资领域，推动新兴产业合作；优化产业分工，促进新的产业集成。

4. 货币流通

货币流通扩大沿线国家双边本币互换、结算的范围和规模；共同推进亚洲基础设施投资银行、金砖国家开发银行的筹建；加快丝路基金的组建和运营。

5. 民心相通

民心相通包括教育文化、医疗卫生、科技合作等方面，在邻国之间增加人的知识流动。

三、中欧班列的运行路线

中欧班列通道不仅连通欧洲及沿线国家，也连通东亚、东南亚及其他地区；不仅是铁路通道，也是多式联运走廊。中国中南沿海城市的各个城市通过中欧班列一直延伸到欧洲西南，主要包括两条线路。一条较长的线路是北线，主要通往俄罗斯；另一条线路是通过中亚直到中东地区的线路。其中，最远的是从中国的义乌到英国的伦敦。

中国现已开展的世界多式联运路线，主要包含中国内地经海运往复日本内地、美国内地、非洲内地、西欧内地、澳洲内地等联运线以及经蒙古或俄罗斯至伊朗和往复西、北欧各国的西伯利亚大陆桥运送线。其中西伯利亚大陆桥集装箱运送业务发展较快，现在每年维持在约10000标准箱。

四、中欧班列的特点

（一）运输时间短

通常情况下，在内陆运输时，铁路运输时间是船运的一半。货物通过铁路从中国运输到德国仅需16天。

（二）确保定期性

中欧班列的铁路运输正点运输率高达93%，并且，每周有50列班列从25个城市定期运行，并准时到达转运点。

（三）每天跟踪管理

每天发送1次货物位置信息报告，并全程跟踪管理温度、湿度、加速度等信息。

五、欧洲的情况

德国杜伊斯堡（Duisburg）是欧洲重要的铁路运输节点。杜伊斯堡有良好的地理优势，在其直径150千米的范围内，有3000万消费人口，6000亿欧元规模的购买力，以及包括外企在内的约30万企业团体入驻。杜伊斯堡有良好的交通基础设施网，其在欧洲最重要的河流交通——莱茵河旁，与欧洲铁路互联互通，并且在高速公路集中区。因此，杜伊斯堡是驳船、区域卡车、铁路运输的最佳地点。

第三讲

物流创新案例分析

华国伟

◆ **作者简介**

华国伟，管理学博士，现为北京交通大学经济管理学院教授，博士生导师，副院长。加州大学伯克利分校访问学者，中国香港理工大学工商管理学院研究员。研究领域：物流与供应链管理。担任中国物流学会常务理事、特约研究员，国家自然科学基金委员会同行评议专家，中国系统工程学会管理与决策科学专委会理事，中国优选法统筹法与经济数学研究会青年工作委员会委员，中国运筹学会决策科学分会理事，北京市运筹学会理事，北京市药学会药品流通专业委员会委员。担任10余个国际期刊的主编、副主编、客座主编、领域主编等，如亚太运筹学期刊（Asia - Pacific Journal of Operational Research）副主编（SCI），国际生产研究杂志（International Journal of Production Research）客座主编（SCI），信息技术与管理（Information Technology and Management）客座主编（SSCI），可持续发展期刊（Sustainability）客座主编（SSCI），国际航运物流杂志（International Journal of Shipping and Transport Logistics）客座主编（SCI），国际制造技术与管理杂志（International Journal of Shipping and Transport Logistics）客座主编（SSCI），国际互联网制造与服务期刊（International Journal of Manufacturing Technology and Management）副主编（EI），国际互联网制造与服务期刊（International Journal of Internet Manufacturing and Services）副主编（EI），国际服务技术与管理杂志（International Journal of Services Technology and Management）区域主编（EI）。

发表 SCI/SSCI 及 EI 论文等 50 余篇。主持及参与国家自然科学基金、教育部博士点基金、北京市哲学社会科学基金、横向课题等 60 余项。

一、创新

2002 年 11 月，江泽民同志在党的十六大报告中明确指出：创新是一个民族进步的灵魂，是一个国家兴旺发达的不竭动力，也是一个政党永葆生机的源泉。2012 年 7 月，胡锦涛在全国科技创新大会上强调，到 2020 年，中国要进入创新型国家行列。2015 年 3 月，习近平同志在两会期间参加上海代表团审议时提出“创新是引领发展的第一动力”。2015 年 11 月，习近平同志在十八届五中全会上指出，要坚持创新发展，必须把创新摆在国家发展全局的核心位置，不断推进理论创新、制度创新、科技创新、文化创新等各方面创新。2017 年 10 月，习近平同志在党的十九大报告中指出，把加快建设创新型国家作为现代化建设全局的战略举措。

2017 年 10 月 13 日，国务院办公厅印发《关于积极推进供应链创新与应用的指导意见》，主要包括以下 6 部分内容。

（1）推进农村第一、二、三产业融合发展。要创新农业产业组织体系、提高农业生产科学化水平、提高质量安全追溯能力。

（2）促进制造协同化、服务化、智能化。要推进供应链协同制造、发展服务型制造、促进制造供应链可视化和智能化。

（3）提高流通现代化水平。要推动流通创新转型、推进流通与生产深度融合、提升供应链高服务水平。

（4）积极稳妥发展供应链金融。要推动供应链金融服务实体经济、有效防范供应链金融风险。

（5）积极倡导绿色供应链。要大力倡导绿色制造、积极推行绿色流通、建立逆向物流体系。

（6）努力构建全球供应链。要积极融入全球供应链网络、提高全球供应链安全水平、参与全球供应链规则制定。

创新是指人们为了发展需要，运用已知的信息和条件，突破常规，发现或产生某种新颖、独特的有价值的新事物、新思想的活动。创新就是“无中生有、有中生优”。创新的本质是突破，突破旧的思维定式或常规戒律，其核心是“新”——产品的结构、性能和外部特征的变革，造型设计、内容的表现形式和手段的创造等。创新主要包括以下 6 个方面：理论创新、制度创新、管理创新、科技创新、文化创新、商业模式创新。创新主要包括以下 5 种方法：类比、交叉、逆向思维、魔球理论（信息交合法）、仿生。

二、物流创新案例

2016 年 5 月 23 日，国家发展和改革委员会发出《关于做好现代物流创新发展城市试点工作的通知》，内容主要包括以下 6 点。

（1）加强城市物流规划等工作，突出发展战略创新。

（2）推进城市物流管理体制机制改革，突出政策环境创新。

（3）完善城市重大物流设施布局建设，突出基础条件创新。

（4）推动专业物流领域发展，突出运行模式创新。

（5）推动区域物流一体化发展，突出协作创新。

（6）培育物流企业发展，突出发展动力创新。

物流创新主要包括技术的创新、服务模式的创新、制度的创新等。以下列举 5 个物流创新的典型案例。

（一）解决物流“最后一公里”

中国的快递行业是劳动密集型行业，服务人员的职业素养欠缺，且电子商务企业通常集中在大城市，而订单大多来自中西部或三、四级中小城市。所以，解决物流的发展困局应该在分货和最终几公里的配送上，即从配送中心到用户手里的过程。因此，逐渐发展出了物流便利店、自提柜、亚马逊的汽车后备箱收货理念以及顺丰的丰巢等，都是为了解决物流“最后一公里”的问题。

（二）亚马逊的“慢快递”

当电商企业都在追求快速服务时，亚马逊中国公司却推出了慢快递服务。

当用户购买亚马逊的自营商品金额满 99 元时，可以选择普通的快递服务，即 1 ~ 2 天到货；也可以选择 4 ~ 7 天到货，此时，运费将便宜 3 块钱。慢物流可以减少仓储、服务成本，也能够在一定程度上缓解高速物流带来的压力。

（三）Zara 的极速物流

Zara 的生产基地设在西班牙，在 200 英里（约 321.87 千米）的生产基地上集中了 500 家代工的终端厂。Zara 将这 200 英里的地下挖空，架设地下传送带网络，每天根据新订单，把最时兴的布料准时送达终端厂。Zara 的灵敏供应链系统极大地提高了前导时间（从设计到把成衣摆在柜台上出售所用的时间）。中国服装业的前导时间一般为 6 ~ 9 个月，国际名牌企业一般为 120 天，而 Zara 最短时仅为 7 天，一般为 12 天。

（四）亚马逊的 “预判发货”

2013 年，亚马逊申请了“预判发货”的专利，即根据大数据预判用户的消费行为，在用户下单之前就将商品发货出库，极大提升了配送的速度。预判发货的条件包括订单记录、搜索记录、愿望清单、购物车的数据，甚至还有鼠标在某件商品上的悬留时间。当然，根据数据的预判也会出错，亚马逊会把配送失误的商品作为用户打折商品或免费赠送商品。

（五）亚马逊的智能机器人 Kiva 技术

2012 年，亚马逊斥资 7.75 亿美元收购了机器人制造商 Kiva Systems，极大地提升了亚马逊的物流系统。Kiva 系统作业效率比传统的物流作业提升了 2 ~ 4倍，机器人每小时可跑 30 英里（约为 48.28 千米），准确率为 99.99%。Kiva 机器人作业不同于传统电商物流中心作业的“人找货、人找货位”模式，其通过作业计划调动机器人，实现“货找人、货位找人”的模式，各个库位在 Kiva 机器人的驱动下自动排序到作业岗位，实现无人化。

第四讲

大数据与智慧物流

王喜富

◆ 作者简介

王喜富，教授，博士生导师，现任北京交通大学交通运输学院物流工程系主任。主要学术成果及贡献：大数据与智慧物流理论及应用方法；现代物流模块化理论体系；物流产业供需平衡理论及应用；全产业链逆向物流信息平台构建；智慧化物流业务体系及流程；现代物流物联网平台。共承担科研项目120余项；发表学术论文150余篇，出版专著15部；获得省部级科技进步奖10余项。

兼任福建省“一带一路”建设高级顾问；科技部现代服务业领域评审专家；公安部智能交通领域评审专家；中国物流采购联合会物联网专业委员会专家；新疆九洲恒昌供应链管理有限公司高级顾问；中国交通运输系统工程学会常务理事；中国社会经济系统工程学会常务理事；中国澳门公民素质发展研究中心客座研究员；《铁道学报》编委；《物流技术》杂志指导委员会委员；《交通运输系统工程与信息》杂志编委。

一、大数据背景下智慧物流发展现状

1. 大数据技术发展现状

随着计算机技术全面融入社会生活，信息爆炸已经积累到了一个开始引发变革的程度。它不仅使世界充满了比以往更多的信息，而且其增长速度也在加快。互联网（社交、搜索、电商）、移动互联网（微博）、物联网（传感器、智慧地球）、车联网、GPS、医学影像、安全监控、金融（银行、股市、保险）、电信（通话、短信）都在不断产生着数据。

大数据技术的基本思想主要体现在3个方面。

（1）数据分析的角度更全面，云计算、分布式计算技术出现，样本=总体。

（2）结构化、半结构化、非结构化数据更加完整，接受数据的混杂型。

（3）更加注重相关关系分析，更加客观准确，主要探求“是什么”。

大数据的特征包括4点。

（1）巨大的数据量（Volume）。2006年，个人用户进入TB单位时代，全球共新产生约180EB的数据；2011年，全球共产生约1.8ZB的数据。根据互联网数据中心（IDC）的预测，到2020年，世界数据总量将达35.2ZB（1ZB=10亿TB）。

（2）数据类型多（Variety）。数据类型包括文本、图片、视频，半结构化数据和非结构化数据。

（3）处理速度快（Velocity）。要求系统在短时间内做出反应。

（4）价值密度低（Value）。单条数据无价值、无用数据多、综合价值大。

大数据在物流领域应用的价值来自3个方面。

（1）数据。大量的物流数据就是“财富”，包括商务数据、物流网络数据、流向流量数据等。

（2）技术。即拥有从海量数据中分析出有用信息的技能或者工具，并将数据应用到物流活动中。包括物流信息挖掘、物流数据分析、物流趋势预测、物流数据应用。

（3）思维。有创新思维的物流企业可以利用经分析得到的数据创新物流模式，并挖掘数据的新价值，包括客户挖掘、库存管理、供应链协同、流量流向预测等。

2. 智慧物流发展现状

从现代物流的发展角度看，智慧物流的发展过程可概括为粗放型物流、系统化物流、电子化物流、智能物流、智慧物流。其中，粗放型物流属于现代物流的雏形阶段，系统化物流是现代物流的发展阶段，电子化物流是现代物流的成熟阶段，而现代物流最终将由智能物流向智慧物流发展。智慧物流的形成，标志着信息化在整合我国网络和管控流程的过程中，进入一个动态、实时进行选择和控制的管理新阶段。

智慧物流是以“互联网 +”为核心，以物联网、云计算、大数据及“三网融合”（传感网、物联网与互联网）等为技术支撑，以物流产业自动化基础设施、智能化业务运营、信息系统辅助决策和关键配套资源为基础，通过物流各环节、各企业信息系统的无缝集成，实现物流全过程链可自动感知识别、可跟踪溯源、可实时应对、可智能优化决策的物流业务形态。

3. 大数据与智慧物流

大数据可以分析现有数据的规律，实时掌控物流各个环节的信息，提高效率与效益。同时，随着市场的发展与竞争，通过对数据的分析和挖掘，可以进一步巩固和客户之间的关系，增加客户的信赖，提高客户黏性。最终，数据分析可以帮助物流企业做出正确的决策。

二、大数据背景下智慧物流信息技术研究

智慧物流要求具备信息化、数字化、网络化、集成化、可视化等先进技术特征，依据大数据对物流信息进行流程的处理。大数据背景下的智慧物流信息技术主要包括智慧物流信息捕捉技术、智慧物流信息推送技术、智慧物流信息处理技术、智慧物流信息分析技术、智慧物流信息预测技术。

三、智慧物流数据分类

将智慧物流按照物流业务数据、供应链物流数据和商物控制数据进行分类，从而使智慧物流数据层次分明、条例清晰，使智慧物流数据分析更加简单，并为智慧物流进行运营和管理提供基础。微观层面的物流业务包括运输业务、仓储业务、配送业务以及其他业务；中观层面的供应链物流包括采购物流、生产物流、销售物流和客户管理；宏观层面的商物管控包括商物数据、物流网络数据、流量流向数据。

四、智慧物流业务体系

大数据及其相关技术的应用，实现了物流运营管理过程中信息的准确、高效收集和及时处理，为物流企业寻求资源配置与实际需求的最佳结合点、为新型物流组织模式的发展提供数据及技术支持。大数据背景下的智慧物流业务体系分为核心业务层、辅助业务层、增值服务层、大数据环境层、支撑环境层。其中，核心业务层包括智慧物流商物管控、智慧物流供应链管理、智慧物流业务管理、信息全域控制；辅助业务层包括供应链协同管理、物流系统的设计与优化、物流过程控制；增值服务层包括智能包装、智能装卸搬运、物流状态实时查询、智能加工、智能结算、自动支付；大数据环境层包括物流感知、数据传输、物流应用；支撑环境层分为内部支撑和外部支撑，内部支撑包括设备、装备、技术、管理、标准，外部支撑包括法规、电子商务、金融、信用、安全。

五、大数据智慧物流发展趋势

智慧物流作为现代物流发展的必然趋势，正向着信息化、智能化、绿色化、企业全球化与国际化、服务优质化、产业协同化以及第三方物流逐步发展。

（1）信息化。建立公共物流信息平台，发展物流信息安全技术，信息网络将成为国际物流发展的最佳平台。

（2）智能化。依靠现代物流技术，全方位实现物流的机械化、自动化和智能化。

（3）绿色化。抑制并控制污染，实现对物流体系的净化和优化。

（4）企业全球化与国际化。包括物流设施国际化、物流技术国际化、物流服务国际化、货物运输国际化和流通加工国际化等。

（5）服务优质化。实现“5Right”的服务。

（6）产业协同化。整个供应链向集约化、协同化的方向发展。

（7）第三方物流。第三方物流具有提高物资流通速度、节省仓储与资金在途费用的优势。

第五讲

多式联运与物流发展

张晓东

◆ 作者简介

张晓东，男，博士，北京交通大学交通运输学院教授，北京市高等学校青年教学名师。

主要研究领域为铁路货运与物流、现代物流系统规划与管理、物流节点规划与设计、多式联运、供应链管理、运输物流市场营销、采购与供应物流等。

现兼任中国物流学会副会长、中国物流采购联合会汽车物流分会副会长、中物联物流园区专业委员会专家委员会副主任、中物联A级物流企业评估委员会委员、全国物流标准化技术委员会委员、中国铁道学会运输委员会专业运输分委会秘书长、商务部物流行业产业损害预警专家、工信部中小企业发展专项资金项目评审专家、中物联公路货运分会专家委员会副主任、国际制冷学会冷藏运输与物流委员会委员、中国制冷学会冷藏运输专业委员会副主任、中国制冷学会理事兼学术委员会委员和科普委员会委员、中物联应急物流专业委员会委员、铁路货运安全风险管理专家组成员、中国电子商务物流企业联盟电商物流专家委员会委员、中物联冷链物流企业星级评估委员会委员等。

曾任北京交通大学交通运输学院副院长；曾兼任北京物流协会副会长、北京昌平区政府顾问，铁龙集装箱物流股份有限公司独立董事、中远物流公司等多家物流企业顾问。

近年来，主持完成了100余项国家级、省部级或企业咨询的科研课题，获得省部级科技进步奖特等奖1项、一等奖4项、二等奖2项；发表学术论文80余篇；出版著作和教材5部。

参与了国务院“物流业调整和振兴规划”“关于促进物流业健康发展政策措施的意见”的研讨论证工作，参与了国务院“物流业发展中长期规划（2014—2020年）”、国家发展和改革委员会“关于促进制造业与物流业联动发展的意见”“全国物流园区发展规划（2013—2020年）”“关于我国物流业信用体系建设的指导意见”“营造良好市场环境推动交通物流融合发展实施方案”“中欧班列建设发展规划（2016—2020年）”，交通运输部等18个部门“关于进一步鼓励开展多式联运工作的通知”，国家标准化管理委员会等15部委“物流标准化中长期发展规划（2015—2020年）”，原铁道部“铁路‘十二五’物流发展规划”“关于推进铁路多元经营物流及相关服务业向现代物流转型发展的指导意见”“关于铁路物流中心功能和设施设备配置的指导意见”，中国铁路总公司“关于加快推进铁路现代物流发展的指导意见”“铁路物流基地布局规划及2015—2017年建设计划”“铁路商品汽车物流发展及建设规划研究”“铁路物流中心设计规范”和北京、湖南、宁夏、大连、青岛、潍坊等诸多地区物流“十二五”“十三五”规划等规划和文件的编制起草工作，多次受到中央电视台CCTV2 \ CCTV13 \ CCTV1和各类媒体采访。铁路货运组织改革以来，先后为14个铁路局中心组学习进行了“现代物流发展与铁路货运改革”的交流讲座，参与了多次铁总物流领域培训的策划并授课。

一、多式联运

多式联运的推进建设，以铁路为核心，一方面推进铁路专用线；另一方面坚持市场化的原则，推进价格改革。多式联运中最关键的是基础设施的无缝衔接，强调技术标准、信息的有效传递。

2011 年 5 月 10 日，铁道部党组书记、部长盛光祖与交通运输部党组书记、部长李盛霖在北京签署了《关于共同推进铁水联运发展合作协议》。两部共同推进铁水联运发展，旨在加快转变运输发展方式，优化运输组织结构，完善综合运输体系，提高运输效率和服务水平，降低物流成本，促进节能减排，促进国家经济结构调整和区域经济协调发展。

2015 年 7 月 21 日，国家发展和改革委员会和交通运输部决定开展多式联运示范工程，首批申报的 16 家企业中均和铁路相关。包括：驮背运输（公铁联运）示范工程；河北省“东部沿海—京津冀—西北”通道集装箱海铁公多式联运示范工程；大连东北亚国际航运中心“亚太—东北地区”通道集装箱海铁公多式联运示范工程；辽宁省“东南沿海—营口—欧洲”通道集装箱公铁水联运示范工程；江苏省新亚欧大陆桥集装箱多式联运示范工程；“宁波舟山港—浙赣湘（渝川）”集装箱海铁公多式联运示范工程；青岛“一带一路”跨境集装箱海铁公多式联运示范工程；河南省郑欧国际货运班列“一干三支”铁海公多式联运示范工程；湖北省武汉市推进“一带一路倡议、长江经济带战略”集装箱铁水联运示范工程；中外运（广东）“东盟—广东—欧洲”公铁海河多式联运示范工程；贯通欧亚大陆的公铁联运冷链物流通道示范工程；重庆市渝新欧多式联运示范工程；四川省成都国际铁路港集装箱铁公水多式联运示范工程；云南省“昆明—东南亚、长江经济带、广西北部湾”一心三支“点轴辐射型”集装箱公铁海多式联运示范工程；兰州南亚国际班列公铁联运示范工程；新疆生产建设兵团丝绸之路国际多式联运示范工程。

2017 年 1 月 4 日，交通运输部等 18 个部门联合发布了《关于进一步鼓励开展多式联运工作的通知》，围绕主要目标，有针对性、系统性、创新性地提出了 5 个方面的 18 项重点任务。

（1）依法加强监管，营造良好市场环境。包括优化市场监管方式，加快公路货运市场治理，严格规范涉企收费行为，加强市场运行监测。

（2）夯实发展基础，提升支撑保障能力。包括完善基础设施网络，畅通转运微循环系统，强化服务规则衔接，健全法规标准体系。

（3）深化行业改革，创新运输服务模式。包括推广先进运输组织形式，深化铁路和货运价格改革，培育多式联运经营企业，丰富联运服务产品。

（4）推动信息共享，加快装备技术进步。包括实现行业信息共享，推广标准化运载单元，加强专业化联运设备研发。

（5）深化对外合作，拓展国际联运市场。包括统筹国际联运有序发展，优化口岸通关监管模式，深化国际运输交流合作。

二、中欧班列

2016 年 10 月，国家发展和改革委员会发布了《中欧班列建设发展规划（2016—2020）》（以下简称《规划》），对中欧班列未来 5 年的建设发展任务进行部署。《规划》提出，作为“一带一路”建设的重要平台，中欧班列到 2020 年将实现开行 5000 列左右，并力争在集装箱铁路国际联运总量中占比达到 80%。2017 年 5 月 14 日，“一带一路”国际合作高峰论坛在京举行，中国、白俄罗斯、德国、哈萨克斯坦、蒙古国、波兰、俄罗斯 7 国铁路部门正式签署《关于深化中欧班列合作协议》，这是中国到达境外城市、运送货物品类最多的中欧班列。

中欧班列推进了多式联运的快速发展，它是“一带一路”倡议的标志性成果。目前，中欧班列建设了西、中、东 3 条通道，西部通道由我国中西部经阿拉山口（霍尔果斯）出境；中部通道由我国华北地区经二连浩特出境；东部通道由我国东南部沿海地区经满洲里（绥芬河）出境。截至 2017 年年底，中欧班列已经开行 6637 列，铺画运行线 61 条，国内开行城市达到 38 个，到达欧洲 13 个国家、36 个城市。

三、物流未来的发展方向

多式联运带动物流的发展，多式联运的发展应从以下 4 个方面加以重视。

（1）加强协同规划，发挥政府的监管协调。

（2）加强协同创新，发挥院所的技术合作。

（3）加强协同运营，推进企业的利益平衡。

（4）加强协同思维，推进各方的开放心态。

基于多式联运的物流，未来发展主要包括 5 个方面。

（1）基础设施的联通网络衔接融合问题。

（2）运输组织的衔接产品融合问题。

（3）服务资源的共享业务融合问题。

（4）装备标准的协同技术融合问题。

（5）运营合作的创新模式融合问题。

第六讲

新零售时代下的新物流

白光利

◆ 作者简介

白光利，现任中粮我买网投资有限公司副总裁，高级经济师，中国仓储与配送协会配送分会副秘书长，中美物流行业教育委员会顾问。长期从事物流高级管理、物流理论和物流技术与装备研究。主要研究方向包括电商物流理论与实务、网络与园区规划设计、运营管理及绩效控制、物流系统诊断、供应链优化与整合等方面。

一、新零售的发展

2016 年 10 月，马云在杭州云栖大会上提出未来 5 大新趋势：新零售、新制造、新金融、新技术与新能源。尤其是在新趋势的引领下，现代零售企业的发展应该注重用户导向、创新和敏捷。其中，用户导向是指高效满足用户的需求；创新指要紧跟时代的发展趋势；敏捷指不论大、小企业都要保持“敏捷性”。以盒马鲜生为例进行说明。

发展路径方面，盒马鲜生的门店迭代成熟，全国范围扩张明显加速；进行联营尝试，探索阿里零售资源利用。盒马鲜生将继续向便利店、无人店等新业态的方向探索，使用更细密的商业网络收集用户数据、培养用户黏性；门店作为“后置”仓及时补货，利用供应链资源等。

物流配送方面，从门店进行拣选送货，店内可见传送履带，0 元起送，承诺 3 千米内 30 分钟送达，门店作为前置仓使得配送时效强于生鲜电商；自有配送团队，配送员每单配送费用约为 7.5 元；线上客单价无门槛，但平均约 70 元，能覆盖配送成本，进行客户筛选。

商业效果方面，盒马鲜生通过线下强体验、门店背书、支付引导等将线下流量引流到线上，突破传统坪效限制，优于传统企业。另外，盒马鲜生将超市作为前置仓，可以在保证时效的同时压缩成本，同时，超市作为帮助购物中心吸引人流的业态，也能在核心地段享受较低的租金。

盈利方面，盈利能力整体上优于传统超市，尤其在“明显效应”的带动下，用户“尝鲜效应”强，在不考虑初期系统研发情况下单店投资回报期较短，是一个具有可行性的新零售模式。

二、物流创新模式

目前，市场上具有多种物流创新模式，以下介绍 3 个典型模式。

贵阳货车帮科技有限公司在车货匹配的基础上，打造出“车货匹配 + 车后市场”模式，布局货车 ETC（电子不停车收费系统）、油品、新车、保险以及相关金融领域，联合相关合作伙伴，进入卡车后市场，共建良性的物流生态共同体。2017 年 7 月，货车帮与中国重汽达成战略合作，除了新车销售，双方还将在会员配货服务、汽修、配件等领域逐步展开深入合作；货车帮联合中化，实现了基于大数据的油品运营，通过智能创新服务，每年最高可为司机节省油费 50000 元。

运满满是国内首家基于云计算、大数据、移动互联网和人工智能技术开发的货运调度平台，是公路物流领域高新技术综合应用的典型代表。运满满的商业模式简洁高效，即为货主和司机提供实时信息匹配，在同一个平台上迅速实现车找货和货找车，从而大大减少了货运空载率，提高了物流运行效率。

山东云鸟物流供应链管理有限公司的“鸟眼系统”为“同城供应链交付平台”，可进行运力匹配、排线优化，还能进行配送在途监控。升级后的“鸟眼系统”可以提供“实时配送显示屏”，可对城配全流程进行全面监控，能够及时掌握配送过程中出现的异常情况，确保城配供应链交付的高品质。另外，“鸟眼系统”还可以提供数据精细化运营服务，提供妥投率、退货率、准点率、投诉率等核心数据，并依据数据对配送过程做智能化分析，帮助客户不断优化城配效率。云鸟科技再运用“百灵引擎”依靠大数据为客户和司机做画像，从而对每一个城配需求做智能化匹配和定价，提升运力撮合效率，进而提升城配效率。云鸟科技还推出“订单封装”模式，运用API（应用程序接口）精准数据对接发货、收货、调度、仓管等各环节并进行标准化产品输出，再对各个环节的标准化产品进行最优匹配，提供“降本增效”解决方案。

三、新零售时代下物流发展的要求

企业创新十分重要，新零售企业的创新要从心智模式、管理模式、运营模式3个方面进行变革。新零售企业的门店迭代成熟，仓库模式逐渐变为电商和超市合作、电商和便利店合作。其中，代表性的企业模式有拼多多的单点模式、我买网的Rdc模式、京东的Fdc模式、盒马鲜生的仓店模式、“物美+多点”的内生模式、“永辉+达达”的外延模式、爱鲜峰的众包模式等。

新零售的核心是“SO LO MO + App”，即社交（Social）、当地（Local）、移动（Mobile）和App。消费者可以随时随地上网互联，隐藏在屏幕背后的个人通过地理位置识别技术，通过网络和现实相连，为本地化的零售商提供在网上接触到消费者的机会。以“无人不会、无处不在、无须等待”作为未来目标。以“三社+三动”作为主体，即社群、社区、社交+移动、互动、主动。最终用“互联网+思维”连接一切可以连接的网络和通道，实现“仓联网”，即“区域仓+移动仓+前置仓”。

新零售下物流发展的双驱动力是收入水平的提升和消费理念的改变。收入水平的提升带动购买力的提升，人们有更多的钱来消费，愿意享受品质更高的商品。80后、90后逐渐成为消费主力，对商品品牌、体验、服务和健康也更为注重。新零售下新物流最大的特点是“鲜、快、准、稳”，即新鲜、及时、准时、稳定。而新零售下新物流的目的是“用速度创造消费的欲望”，最终改变消费者的消费方式。

新物流的变化主要包括以下7点。

（1）前端化，即距离终端客户越来越近。

（2）专业化，不同的物流有不同的功能，所存储、运输的商品也不同，要有各自的专业属性。

（3）分布式，即分布式布局。

（4）智能化，即减少人为的因素，逐渐自动化。

（5）可视化，即全程可视化，能够与客户实时传输数据。

（6）技术性，注重环保、科技、智能、追溯、测量、材料等方面。

（7）数据化，要做好数据的管理。

第七讲

关于推进现代供应链创新与应用的几点认识

蔡　进

◆ 作者简介

蔡进，中国物流与采购联合会副会长、中国物流学会副会长、中国物流信息中心主任、研究员。先后在国家经济贸易委员会、国家物资部、国内贸易部（局）工作。先后担任副处长、处长、副主任（副司局长）、主任（司局长）。长期从事宏观经济与市场分析，政策研究，现代物流体系、采购与供应链管理研究等。组织建立了中国采购经理指数（PMI）调查体系，社会物流统计核算制度与调查体系等。在中国市场发展、现代流通体系建设、现代物流方式、采购与供应链、中国 PMI 研究与实践等领域有较系统的研究，发表有关专著和论文，并多次参加国务院有关领导主持召开的经济形势分析座谈会。

2017 年 10 月 13 日，国务院办公厅出台了 84 号文件《关于积极推进供应链创新与应用的指导意见》之后，习近平总书记在党的十九大报告中明确提出要在现代供应链领域培育新的增长点，形成新动能，建设现代化经济体系。这将极大地推动我国现代供应链创新与实践进入一个新的发展阶段，也表明我国经济在转型升级发展过程中进入到供应链创新时代。

一、传统供应链与现代供应链

（一）生产组织方式

中国传统的生产组织方式是需求驱动，通过需求规模的扩张获得经济发展。而现代供应链是以供给驱动为特征，通过供给侧质量提高和效率提高来推动中国的经济发展。这两种模式的立足点、着眼点不一样。

（二）发展阶段

相对传统供应链，现代供应链的一个重要标志就是“智慧化”“数字化”。20 世纪 80 年代，人类进入信息化时代，社会开始快速发展。现在，人类开始进入智慧化的新时代。未来，人类还会在智慧化发展的基础上，进入数字化发展时代。我们当前处于由信息化进入智慧化时代的开端，要发展供应链，就要建立整合、优化、协同等核心功能，形成包容、开放、共享的核心理念，落实降成本、提升效率的基本目标，更要适应智慧化要求，发展智慧化和数字化供应链，把握现代供应链发展的新方向。

（三）目标

传统供应链的目标是对现有存量降成本、提高效率，由此提高经济运行质量。现代供应链在完成传统目标以外，更重要的是通过供应链的创新发展，改造供给体系创造新的价值、新的财富、新的动能。

二、创新与实践现代供应链

（一）降本增效、提高发展质量

创新与实践现代供应链可以降本增效、提高发展质量。提高经济发展质量的核心是降成本。从宏观经济运行角度来讲，成本主要有 3 个方面：劳动力成本、原材料成本、物流成本。目前，劳动力成本上升是不可逆的。原材料成本上升虽然有波动，但由于原材料的稀缺性，长期来看，其上升趋势也是不可逆的。那么，降成本的重点就在于降低物流成本。从生产到销售、消费的每一个环节，都必须通过物流作业才能实现，在完成每一个环节物流作业过程中形成的成本都是物流成本。目前，降低物流成本有 3 条途径：优化经济结构、政府减税降费、创新与发展供应链。

（二）创造新价值、新财富、新动能

创新与实践现代供应链可以创造新价值、新财富、新动能。目前，互联网在全球广泛应用，美国提出“工业互联网”理念，德国提出“工业 4.0”

理念，其发展互联网主要是从供给侧驱动，以提供有效供给，创造新的消费。中国互联网的应用主要是需求驱动，通常只对现有需求进行整合和放大，并没有创造新的供给体系，这种做法在很短时间内就会形成“需求固化”。供应链的本质就是创新供给体系、优化供给质量，发展现代供应链必然要以供给侧驱动，完善供给体系，创新有效供给，为人们创造新的消费空间，从而创造新价值、新财富、新动能。

（三）推进“一带一路”倡议和全球化进程

创新与实践现代供应链可以推进“一带一路”倡议和全球化进程。党的十九大报告中提到“倡导构建人类命运共同体，促进全球治理体系变革”。中国正在通过“一带一路”倡议推进全球化进程。我国参与全球治理一个重要的支撑体系就是供应链，只有构建高效协同的全球供应链体系，以此作为支撑，中国企业才能稳步发展。推进人类的经贸交往、人文交往互联互通，最根本、最基础的就是基于全球化的供应链。所以，从全球化的进程看，构建一个包容开放、高效有序、共建共享的供应链体系有十分重要的意义。

第八讲

供应链的认识及发展

胡大剑

◆ **作者简介**

胡大剑，中国物流与采购联合会采购与供应链管理专业委员会主任。曾先后在国家物资部办公厅、国内贸易部政策体制法规司、中国物资经济研究所、中国物流信息中心、中国物流与采购联合会工作。先后主持或参与完成中央财经委员会、国家发展和改革委员会、国务院国有资产监督管理委员会、财政部、工业和信息化部等中央机构和部委委托的“进一步完善我国政府采购制度”“中国公共采购制度创新研究”（2010）、“我国电子商务领域开展电子发票应用试点研究”（2011），以及供应链相关研究等一系列重大、重点课题研究工作。

一、供应链、 价值链、 产业链

2001 年 8 月 1 日，我国国家质量技术监督局发布实施的《中华人民共和国国家标准物流术语》将供应链定义为：生产及流通过程中，涉及将产品或服务提供给最终用户活动的上游和下游企业所形成的网链结构。2017 年 10 月 13 日，国务院办公厅印发《关于积极推进供应链创新与应用的指导意见》，首次将供应链的创新和应用上升为国家战略。其中，指出供应链是以客户需求为导向，以提高质量和效率为目标，以整合资源为手段，实现产品设计、采购、生产、销售、服务等全过程高效协同的组织形态。

价值链是指企业在一个特定产业内的各种活动的组合，它反映企业所从事的各个活动的方式、经营战略、推行战略的途径，以及企业各项活动本身的根本经济效益。

产业链是指经济布局和组织中，不同地区、不同产业之间或相关行业之间构成的具有链条绞合能力的经济组织关系。

1. 区别

供应链通常是相对于多个企业而言的，除非是大型的企业集团，否则很难构建其自身的供应链。供应链管理的发展是通过计算机网络技术的发展来推动的，同时，它也是企业实施战略联盟和虚拟经营的结果。企业实施供应链管理的目的，一是降低成本，二是提高反应速度，其本质目的是提高企业的核心能力。

价值链主要是相对于一个企业而言的，是针对企业经营状况开展的价值分析，其目的是明晰企业的价值生成机制、剖析企业的价值链条的构成并尽可能加以优化，从而促进企业竞争优势的形成。

产业链是针对不同企业而言的，从某种程度上说，产业链是企业社会分工的有序绞合。因此，产业链的含义范围大于供应链。产业链理论在宏观经济管理和区域经济发展中发挥着重要的作用，其对于经济板块联系的加强以及产业复合体的形成有重要的作用。

2. 联系

价值链理论的应用，有助于人们了解企业的价值生成机制，其既是一个分析竞争优势的工具，同时也是建立和增强竞争优势的系统方法。但是，价值链并不是孤立地存在于一个企业内部，它可以进行外向延伸或连接。因此，企业明确自身的价值链是实施供应链管理的前提。

产业链的建立依赖于企业之间供应链的有序连接，不同的是，供应链的连接可能是多向的，也可能发生在有限的产业范围内，而产业链通常是垂直的、广范围的、多环节的。因此，供应链的连接通常是产业链生成的基础，而产业链是多重供应链的复合体。

供应链、价值链和产业链从不同角度解释了产业的分工和竞争。供应链的发展方向决定产业链的发展方向，供应链的效率决定了价值链的实现程度。

因此，供应链是产业链和价值链的核心。

二、全球供应链

全球供应链是指在全球范围内组合供应链，以全球化的视野，将供应链系统延伸至整个世界范围，根据企业的需要在世界各地选取最有竞争力的合作伙伴。全球供应链管理强调在全面、迅速地了解世界各地消费者需求的同时，对其进行计划、协调、操作、控制和优化，在供应链中的核心企业与其供应商以及供应商的供应商、核心企业与其销售商乃至最终消费者之间，依靠现代网络信息技术支撑，实现供应链的一体化和快速反应，达到商流、物流、资金流和信息流的协调通畅，以满足全球消费者需求。全球供应链是实现一系列分散在全球各地的相互关联的商业活动，包括采购原料和零件、处理并得到最终产品、产品增值、针对零售商和消费者进行配送、在各个商业主体之间交换信息，其主要目的是降低成本扩大收益。

供应链全球化的趋势和影响主要表现在 3 个方面：一是物流外包已经发展到供应链管理流程的全球化外包；二是跨国公司的全球供应链战略在不同的国家侧重点不同；三是企业的风险逐渐变大，企业需要不断引进新技术，提升竞争力。

三、供应链的发展趋势

1. 全球化

经济全球化推动供应链全球化，全球供应链突破了政治边界，因此，全球化在促进供应链发展的同时也使得竞争更加激烈。

2. 数字化

数字化供应链不仅是应用人工智能、大数据、云计算、区块链等前沿技术，也不仅是对生产组织模式的转型升级，更重要的是，供应链通过与现代技术的融合，对传统供应链思维与目标进行变革。数字化供应链强调的是敏捷性、柔性、创新性、定制化。

第八篇

2018年秋季学期
物流名家讲堂

VIII

第一讲

智慧物流

蔡临宁

◆ 作者简介

蔡临宁，清华大学工业工程系物流工程实验室主任，物流与经济研究中心主任，教授。工学博士（西安交通大学）。中国系统仿真学会离散事件仿真专业委员会委员，2008 北京奥组委任技术专家（负责物流规划），曾获清华大学教学成果一等奖。主要研究领域：供应链优化、物流信息系统、系统仿真物流分析与设施规划、现代物流工程、工业工程。最近研究项目包括《城市分类垃圾物流系统的仿真及优化》（自然科学基金）、《现代商业物流数字化平台技术及应用研究》（北京市科委重大项目）等。主要著作有《物流系统规划》等。

一、智慧生活

智慧生活是产业发展的驱动力。智慧物流存在于人们生活的各个方面，中国已经进入了智慧互联的时代。

共享单车。随着市场的不断扩大和行业模式的不断发展，共享经济开始走向成熟。截至 2017 年 6 月，中国共有超过 1 亿人使用共享单车。中国的“一带一路”倡议进一步推动了共享单车在东南亚、中亚乃至欧美的发展。

Zara 基于 RFID（射频识别）的库存控制。这项技术的优点包括 6 点：可以对供应链中的货物进行全程跟踪定位；各个物流节点都能得到准确的库存信息；顾客可以通过网页或应用程序了解到自己想要的服装的店铺位置；RFID 能存储比其他识别系统更多的数据；方便工作人员进行盘货；减少产品数据的错误。

缤果盒子。缤果盒子是便利店和自动售货机的混合体。消费者通过智能手机扫描二维码进入店内，店内所有的产品都配有 RFID 标签，顾客可以在自助收银台上扫描购买的商品进行付款，这就避免了和收银员的眼神交流和闲聊。

亚马逊（Amazon）。Amazon Go 是亚马逊推出的无人便利店，其整合了计算机视觉、机器学习、传感器等技术。店内遍布传感器和摄像头，以及各种信号接收装置，可以监测商品从货架取下或放回的过程，并且，还配备有虚拟购物车追踪，操作过程类似无人驾驶汽车。Amazon Go 在购物效率和消费体验方面能有突破，人工智能起到了非常重要的作用。

智慧物流促使消费升级，消费升级驱动物流行业发生末端革命，从而促进全渠道销售、体验经济、共享经济的发展，最终实现业态融合。

二、未来城市与智慧物流

城市智慧物流的目标是绿色、智能、高时效和成本控制。以雄安为例：雄安新区是具有全国意义的新区，是中国的“千年大计”，其城市规划对于未来城市的发展方向具有重要意义。2018 年 4 月，中共中央、国务院批复了《河北雄安新区规划纲要》（以下简称《纲要》），其中，9 次提及“物流”，重点提及“智慧物流”。根据《纲要》可知，雄安新区的交通建设与城市物流同步规划、同步建设，利用现有设施和既有线路发展城市外部物流体系。雄安新区内部城市物流体系的重点是智慧、安全、绿色、共享。现代物流、电子商业与软件和信息服务、设计、创意、咨询等成为高端服务业。物流行业与其他行业一样，智慧成为重要的发展方向。

三、智慧物流体系及关键技术

智慧物流是指基于信息技术、自动化技术、数据技术和环保技术，实现物流系统的状态感知、智慧分析、精准执行，以最合理的成本满足物流服务的需求，且可实现生态环境与经济的共同发展的现代物流体系。智慧物流的关键技术是物联网（IOT），物联网可分为5层结构：传感器层、网络/通信层、数据层、分析层、应用层。其中，网络/通信层通过Zigbee、Bluetooth、NB－IoT、Wi－Fi等无线组网进行数据传输；数据层包括云存储和大数据；分析层包括云计算；应用层包括人工智能、预测、视觉识别、网络优化、深度学习等技术。

传感器层：传感器是一种检测装置，能感受到被测量物品的信息，并能将信息按一定规律变换成电信号或其他所需形式的信息输出，以满足信息的传输、处理、存储、显示、记录和控制等要求。主要包括位置传感器、重力传感器、RFID。其中，RFID俗称电子标签，其运作过程：由阅读器通过发射天线发送特定频率的射频信号至电子标签，电子标签被激活后，将自身编码信息发送至阅读器，阅读器经解码识别标签身份，做出相应的处理和控制，完成读写操作。网络/通信层：网络是用物理链路将各个孤立的工作站或主机相连在一起，组成数据链路，从而达到资源共享和通信的目的。通信是人与人之间通过某种媒体进行的信息交流与传递。网络通信是通过网络将各个孤立的设备进行连接，通过信息交换实现人与人、人与计算机、计算机与计算机之间的通信。

数据层：数据是对人、物体、事实观察、采集的信息，是对客观事物的逻辑归纳，是用于表示客观事物的未经加工的原始素材。数据可以是连续的值，如声音、图像，也可以是离散的，如符号、文字。

分析层：云计算是一种基于因特网的超级计算模式，在远程的数据中心里，成千上万台电脑和服务器连接成一片电脑云。可以模拟核爆炸、预测气候变化和市场发展趋势。

应用层：应用层可以对感知层采集的数据进行计算、处理和知识挖掘，从而实现对物理世界的实时控制、精确管理和科学决策。

四、智慧物流的未来展望

未来，在物流方面，配送将更为个性化、仓库将实现无人化、运输中的无人驾驶将更为普遍、物流网络将更加柔性化。以智慧物流为基础的智慧生活将主要体现在4个方面：家庭的库存减少、便利店的快速发展、智能家居的普及、零售电商的自动下单。但是，智慧物流系统也将面临挑战，包括隐私保护问题、安全问题以及过度智能化等问题。

第二讲

日本物流业与工作、生活的平衡

丹下博文（日本）

◆ 作者简介

丹下博文，爱知学院大学教授、日本物流学会副会长、日本环境经营学会理事、经营学博士。早稻田大学法学硕士，美国哥伦比亚大学经营学院毕业。历任美国哥伦比亚大学研究员，美国加州大学安德森经营研究生部及社会公共政策学院研究员。主要研究方向及著作：现代物流、国际市场营销。著作有《企业经营的社会性研究》《企业经营的全球化研究》《有关市场流通的诸问题》《高附加值企业的产品与经营》《地球环境辞典》等。

一、日本物流现状

在全球化与世界经济快速变化的时代，在企业经营特别是在市场营销领域，无论是在理念上，还是在具体的操作层面，都与以往相比发生了较大变化。20 世纪末，日本这样描述物流："企业控制着物流，进而控制着整个社会"；21 世纪初，日本这样描述物流："物流时代已经逐渐取代市场营销时代"。曾经只是被作为市场营销活动一种补充性或者辅助性服务而被认知的"物流"，在信息化和经济全球化的背景下，已经成了满足顾客（CS）需求、构建良好客户关系（CR）的一个重要环节。

随着人口少子化、老龄化程度的加深，日本国内消费市场规模逐渐减小，但是网上购物的市场规模反而逐渐扩大。根据日本农林水产省推算的数据，即如果居住地离经营生鲜食品店铺的距离超500米范围，且家庭没有汽车的居民视作“购物弱者”的话，全日本“购物弱者”已达到了910万人，而对这些消费者消费潜力的开发应该是目前市场关注的重要的问题。

随着少子老龄化以及人口密度稀少程度的加深，原有的在关于完善购物场所、交通手段等日常生活必备条件中发挥主要作用的区域功能逐渐缺失，严重影响了老年人的生活质量。但要完善区域功能，仅依靠地方自治体的力量很难实现，于是，社会上就出现了更多的“购物弱者”，这些“购物弱者”大多居住在人口密度低的地区。

二、网上超市

现在，日本城市中大型网络超市已经普及，与以前的店铺销售相比，快递服务提供了方便，但是，由于增加了额外的费用，所以还是被普遍认为是一种附加价值较高的服务。其原因有两方面：一是日本的零售市场，特别是在经济不景气时消费者对商品价格非常敏感；二是日本有将配送作为辅助性服务、不需要支付额外费用的习惯。因此，本来网上超市设定的商品价格与店铺价格几乎同等，如果再收取配送费，客户的抵触感就会很强。但是，网购超市的成本是现实存在的，因此，提高区域物流效率非常重要。

目前，能够盈利的网上超市一般采取了以下4种经营形式：一是公司自身拥有配送能力；二是店铺与快递点合并经营；三是提供的快递服务是范围在15～20分钟距离内的高密度配送服务；四是快递公司就近设有“保险柜”，避免增加再送货的成本等。另外，还有针对60岁以上的老年人采用会员制服务，公司负责人在会员希望的时间段通过电话进行询问性的推销服务，在推销服务的同时，还能够确认单身老人的健康、安全，所以，这种附加性社会功能广为社会接受并获得支持。

三、区域物流

未来，区域物流将会出现以下4种商业模式。

（1）单纯靠移动售货车来进行销售的“移动便利店式”的服务形式会被淘汰，出现包括接收快递业务、提供公共费用支付服务等综合性服务的商业模式。

（2）从事区域物流快递的司机在负责运输的同时，也可以提供上述的询问性的推销服务，积极向老年人提供商品目录，帮助他们利用网络进行商品的选购。

（3）区域物流机构可以与交通机构相结合，快递配送车辆的同时提供载人服务；公交车可以和网购业务合作，在公交车站接收订单、结算费用等。

（4）利用社会上已经存在的报纸投递和牛奶的配送业务，建成一个区域性物流网，从而很好地完成“最后一公里”的物流工作。

为了提高区域物流的效率，应该从以下3个方面做出努力。

（1）把握利用动态需求。要制作“购物弱者”居住分布图且不同区域制定不同的应对措施。

（2）加强完善运营体系。要提高输送路线使用的效率、积极引用IT技术、有效利用社会闲置设备和已有的公共设施。

（3）提供高质量的服务。要调动居民参与服务的积极性并且在产业之间加强服务合作项目。

第三讲

供应链管理环境下的采购管理

蒋振盈

◆ 作者简介

蒋振盈，管理学博士，教授级高级经济师。从事物资采购管理工作24年，曾任中国石化股份公司物资装备部主任13年（期间兼任中国石化国际事业有限公司总经理9年）、中国石化集团公司安全监管局局长3年，组织领导了中国石化物资采购管理体制改革、机制优化、流程再造和管理变革，组织实施了中国石化安全生产管理体系的全面改造升级，先后获得国家级管理创新成果奖1项，省部级科技进步奖和管理创新奖9项，发表物资管理论文15篇，代表作《采购供应链管理》（中国经济出版社，2015），英文版《Procurement Management in the Supply Chain Environments》（《供应链环境中的采购管理》，英国牛津出版社，2017）。现任中国石化集团公司党组海外巡视组组长，中国石油化工股份公司监事。

一、采购

采购是集技术可行性、经济合理性、需求满足有效性于一体的技术经济行为和价值增值过程。采指的是采购的技术属性，是搜寻、比较、选择的过程；购指的是采购的经济属性，是由货币转变为物资或服务的商务过程。

（一）主要特征

1. 从动性

采购最基本的特征就是从动性。采购起源于需求的产生，结束于需求的满足，这就决定了采购的客体地位。企业必须特别关注需求消耗规律，同时，研究供应市场，把握供求规律，才能在从动中更多地争取主动。

2. 协同性

对于采购来说，和合作伙伴之间的沟通协同是最重要的，主要包括以下3种协同。

（1）采购要与需求单位协同，特别是在需求计划准确性、及时性和标准化等方面达成一致并协作努力。

（2）采购要与供应商协同，特别是在质量、进度和价格等方面达成一致并协作努力。

（3）采购要与财务、技术、工程等职能部门协同，特别是在资金支付、技术选型、专业把关等方面达成一致并协作努力。

3. 多变性与不确定性

采购的多变性与不确定性包括需求的多变、不确定和市场的多变、不确定。

需求的多变、不确定。采购涉及的需用单位多、物资品种多，需用单位对需求消耗规律掌握程度相差较大，生产装置负荷变化也多。很多企业采用建立库存的办法来满足突发需求。

市场的多变、不确定。采购涉及的供应商多、物资品种多，供应商的生产能力差异大，信用程度不一，质量水平各异，每个供应商又有大量的上游供应商，任何一个上游供应商的问题都可能导致该供应商生产中断。很多企业采用建立供应商资源基地的办法来稳定资源。

4. 责、权、利高度交织性

责：对内，采购具有很大的责任，包括保证供应、降低成本、控制风险、提高企业核心竞争力等。

权，对外，采购具有很大的权力，包括供应商选择权、价格确定权、资金支付权等。

利，采购在保护企业利益方面能够发挥很大的作用。

（二）基本规律

1. 竞争性

采购方要营造和保持供应商之间的竞争氛围，反对任何形式的指定采购、独家采购，以把握主导权和制空权，获取最大利益。

2. 博弈性

采购方与供应商之间的主动权博弈主要由企业规模决定。因此，企业要把多部门分散采购转变为一个部门统一对外采购；集中不同时间的需求批量，实施框架协议采购；把向众多供应商采购转变为向少数优秀供应商采购。

3. 技术经济性

通常，企业采购时要追求物资性价比最优、全生命周期总成本最低，即采购的技术经济性。技术性指物资的质量、性能、功能；经济性指进行成本分析、库存控制、资金控制等；策略性指研究需求、市场，把握供求关系。

（三）发展阶段

1. 第一阶段：实物采购阶段

第一阶段的核心目标是获取物资实体，关注的焦点是保障供应，主要手段是多采购、提前采购、加大实物库存量。

2. 第二阶段：成本采购阶段

第二阶段的核心目标是降低采购成本，关注的焦点是采购价格，主要手段是商务技术谈判，强调供应商之间的充分竞争。

3. 第三阶段：价值采购阶段

第三阶段的核心目标是提升企业核心竞争力，关注的焦点是物资全生命周期总成本和价值增值，主要手段是成本构成分析，通过市场研究、需求管理等方法，整合供应市场优质资源，强调与供应商的合作，强化过程控制。

（四）认知误区

1. 认为采购就是“持币购物”“照方抓药”

由于采购活动存在于人类生产实践和社会生活的各个方面，很多人把采购活动理解为简单的“持币购物”“照方抓药”，忽视了采购对需求计划的管理功能，低估了采购活动对企业经营绩效的影响。这种错误观点，也导致很多人错误地认为采购人员不需要很高的专业技能。

2. 认为采购只是辅助性、支持性和服务性工作，采购部门是企业的三线部门、后勤部门

在计划经济时期，物资资源短缺、价格统一、质量相当，采购可选余地小。当时采购的主要任务是提前采购并储存保管物资以保障供应，采购工作的功能相对简单。

在市场经济时期，大多数企业对采购活动缺乏应有的重视，对企业大量资金的使用效果和企业生产运行的资源风险控制缺乏足够的重视，造成采购理念滞后、管理体制不顺、采购手段落后、采购运行不规范和采购人员素质偏低等一系列问题。

（五）功能定位

1. 控制成本的运营功能

企业对外采购原材料、设备、配件等支出成本占企业运营总成本比重不断增加，降低采购成本不仅可以提高企业利润水平，而且，创造了降低产品售价以增强市场竞争力的机会。通常情况下，降低5%的采购成本相当于增加25%的销售额所能获得的利润。

2. 防控风险的管理功能

采购的物资安全可靠，直接决定企业生产经营本质安全；采购的物资价格合理，直接影响企业生产经营成本；获得有效满足需求的资源，直接决定企业生产建设顺利进行，因此，需要通过采购环节控制资源风险。

3. 整合企业内外部资源的战略功能

企业采购要整合企业内、外部储备资源，实施统一储备。企业要将采购工作向前延伸至需求方，整合不同时间、不同空间的需求，形成批量采购优势，提升资源获取能力和市场议价能力；企业要将采购工作向后延伸至供应商，整合供应商资源，与行业领先、业绩优良的供应商建立长期稳定的合作关系。

二、采购管理

（一）采购管理的类型

按采购管理的职能划分，可以分为采管分离型和采管结合型。采管分离

型是指采购业务操作职能与采购管理控制职能完全分离；采管结合型是指采购业务操作职能与管理职能合一。

按采购职能的集中程度划分，可以分为集中型采购管理体制、分散型采购管理体制、统分结合型采购管理体制。

按采购管理机构的职责范围划分，可以分为采购、销售、运输、仓储合一型；采购、运输、仓储合一型；单一采购型。

（二）优化采购管理

1. 归口管理

按照归口管理的原则，整合管理资源。主要实现以下 3 个方面：一位领导统筹管理全企业采购工作，实现统一指挥；一个部门归口负责采购管理工作，实现采购管理政令的统一；采购管理职能归口到专业采购部门，实现采购管理专业化。

2. 集中采购

按照集中采购的原则，整合物资需求资源。需用单位与采购方分离，主要实现以下 4 个方面：集中采购权，实现物资需求在空间维度上的集中；推行框架协议采购，实现物资需求在时间维度上的集中；缩减供应商数量，实现物资需求在采购渠道维度上的集中；开展企业间协同采购，实现物资需求在不同企业间的集中。

3. 统一储备

按照统一储备的原则，整合储备资源。主要包括以下 3 个方面：在企业地理分布相对集中的区域建立集中储备；企业内部共享储备资源；企业与供应商共享储备资源。

第四讲

供应链领导力与战略执行

史文月

◆ **作者简介**

史文月，清华大学自动化系工学硕士学位，翌年加入清华大学自动化系 CIMS 研究中心、管理与决策信息系统实验室，从事国家“863”高科技项目以及推广应用工作。后加入国际著名跨国公司，从事企业管理系统（ERP）和供应链管理（SCM）的解决方案设计、实施和企业咨询工作，曾为多家国内知名的企业提供管理咨询、采购物流和供应链管理培训、电子商务解决方案等服务。

史文月，中国物流与采购联合会采购委专家组成员。主要从事供应链管理、信息化管理、综合管理等领域的研究。曾任惠普公司大制造业与供应链管理高级咨询经理，为客户提供 ERP、供应链、物流管理和协同商务等方面的咨询和解决方案实施服务，曾为上百家单位提供培训、诊断、咨询实施等服务。

一、供应商管理

供应商管理是在新的物流与采购经济形势下提出的管理机制。供应商管理是供应链采购管理中一个很重要的部分，而采购供应的两个基本功能是行政功能和增值功能。其中，行政功能也是“成本中心”，其将需求方与购买方分离，审核需求及规格，监控预算，控制单一来源采购，降低合同执行的风险，保证企业的社会责任；增值功能也是利润中心，包括对供应市场、供应商的产品/服务知识的熟悉度，娴熟的谈判及关系技巧，参与产品和服务的设计，推动设备及物品规格化、标准化，保证企业战略的顺利实施。

在供应商与制造商关系中，存在两种典型的关系模式：传统的竞争关系和合作性关系（双赢关系）。两种关系模式的采购特征有所不同。

竞争关系模式是价格驱动，其采购策略表现如下。

（1）买方同时向若干供应商购货，通过供应商之间的竞争获得价格好处，同时也保证供应的连续性。

（2）买方通过在供应商之间分配采购数量对供应商加以控制。

（3）买方与供应商保持的是一种短期合同关系。

合作关系模式是一种合作的关系，这种供需关系最先在日本企业中采用。它强调在合作的供应商和生产商之间共同分享信息，通过合作和协商协调相互的行为。其采购策略表现如下。

（1）制造商对供应商给予协助，帮助供应商降低成本、改进质量、加快产品开发进度。

（2）通过建立相互信任的关系提高效率，降低交易/管理成本。

（3）长期的信任合作取代短期的合同。

（4）较多的信息交流。

二、供应链风险管理

风险是特定危险情况发生的可能性和后果的组合。风险可以分为广义风险和狭义风险，广义风险是指风险产生的结果可能带来损失或获利；狭义风险是指风险只能表现出损失，没有获利的可能性。

风险包括 4 个要素：目标价值、危险情况、危险可能性、危险对目标的影响程度。其中，目标价值包括企业的关键要素、策略要素、运作要素。企业的关键要素包括企业的资产和企业的法律诉讼、声誉及形象；策略要素包括财务影响、知识产权、新品开发及上市、供应持续性；运作要素包括产品质量、产品交付的准时性、库存。危险可能性包括来自供应商外部的危险和来自供应商内部的危险，来自供应商外部的危险包括产品保密信息泄露、法律诉讼、产品开发延期、量产能力不足、质量问题、供应商欺诈、合作关系差等，来自供应商内部的危险包括内部腐败（招标、评估过程）、流程及审计存在漏洞。

采购供应管理中的风险形式一般包括以下10点：供应商合作风险（供应风险、唯一来源）、经济合同风险（财务风险）、采购质量风险、技术进步风险、企业采购内因型风险（流程风险）、价格风险、汇率风险、支付与担保风险、采购招标中的风险、职业道德风险。

采购风险的防范措施一般包括以下8点：建立采购委员会、完善廉政协议书与廉政责任制、规定采购部门作为对外商务谈判的唯一途径、采购部门全程参与技术谈判、轮换岗位、定期对供应商进行廉政考评、进行采购预算与资金控制、完善合同的会签制度。

三、管理与领导力

面对复杂的商业环境，企业中管理者的管理与领导力就显得十分重要。管理工作具有普遍性，在组织的所有层级，管理者都履行着4种职能：计划、组织、领导、协调，管理者所处的位置不同，每种职能强调的程度也不同。对于供应链管理者来说，获得基础知识有利于成为有效的管理者；对下属、生意伙伴、领导以及相关职能的行为方式的领悟，可以提升供应链管理的影响力。

一个合格的供应链管理者应做到以下4点：供应策略必须与企业策略保持协同一致；做好内部营销，宣传供应管理对达成企业关键目标的重要作用，建立内部沟通，强化协同增效；积极参与制定企业的战略，积极主动地横向及纵向沟通，需要懂得相关的管理知识；创建学习型组织，鼓励创新。

第五讲

模糊合作对策简介

张 强

◆ 作者简介

张强，博士，北京理工大学管理与经济学院教授，博导。现任北京运筹学会理事长，国内杂志《运筹与管理》决策科学分区主编，国际杂志《Journal of Intelligent and Fuzzy Systems》副主编。主要从事模糊数学、对策论、决策理论与方法等教学和研究工作。先后主持5项国家自然科学基金项目，发表100余篇SCI检索论文。

一、合作 n 人对策理论简介

对策论根据其所采用的假设不同可分为非合作对策理论和合作对策理论。合作对策也称联盟对策，是局中人通过合作共同取得尽可能大的利益的竞争决策分析模型。在合作对策过程中，局中人要考虑如何结成联盟以及如何分配联盟的收益。其严格的数学定义如下。

一个合作 n 人对策是一个二元组 $G=(N, v)$，其中 $N=\{1, 2, \cdots, n\}$ 是有限个局中人的集合，v：$P(N) \to R$ 是特征函数，$P(N)$ 是 N 的幂集，满足：

（1）$v(\emptyset)=0$；

（2）对任意 S，$T \in N$，如果 $S \cap T = \emptyset$，则有 $V(S \cup T) \geqslant v(S)+v(T)$。

称（2）为特征函数 v 的超可加性。称 N 的任意非空子集 S，即 $S \in P$

(N) 的非空元素为联盟。特征函数值是联盟中各局中人努力合作取得的收益，是一个实数。性质（2）表明，通过合作可使总收益不致减少，而通常是增加。

在合作 n 人对策中，局中人参加博弈的所得成果（即联盟收益的分配方案）被称为对策的解。对策的解包括核心、稳定集、核仁、核、谈判集、Shapley 值、Banzhaf 值等。

二、收益值为模糊数的合作 n 人对策

在实际的合作对策问题中，由于一些外在的因素或局中人的主观因素的影响，使得联盟收益值不能用一个精确的实数值来确定，只能用“大约 100 万”等模糊语言对联盟收益的范围进行描述。因此，就产生了联盟收益值为模糊数的合作 n 人对策问题。在研究的过程中发现，直接研究收益值为模糊数的合作 n 人对策比较困难，因此，可先研究收益值为区间数的合作 n 人对策。

三、收益值为区间数的合作 n 人对策

实际的合作对策问题中，由于一些外在的因素或局中人的主观因素的影响，使得联盟收益值不能用一个精确的实数值来确定，局中人只能从悲观角度和乐观角度对联盟收益的范围进行估计。因此，就产生了联盟收益值为区间数的合作 n 人对策问题。其主要分为以下 3 种方法。

（1）用元对策的方法研究区间值 Shapley 值。优点是便于向收益值为模糊数的 n 人合作对策（N，v）的 Shapley 值推广；缺点是元对策的构造需要较强的条件，如从区间中选取数值时要按一定的比例关系选取，否则 Shapley 值有可能不存在。还有一种端点元对策区间 Shapley 值方法，其优点是与经典 Shapley 值联系密切，计算简便；缺点是向收益值为模糊数的合作 n 人对策（N，v）的 Shapley 值推广需要较强的条件。

（2）用 H－差的方法研究区间值 Shapley 值。优点是便于向收益值为模糊数的合作 n 人对策（N，v）的 Shapley 值推广，且许多经典结论都成立；缺点是虚区间数的概念只是一个数学概念，用于数学推导比较方便，但在实际问

题中难以被人们所接受。

（3）用区间数的其他排序方法研究区间值 Shapley 值。这种超可加性 Shapley 值的优点是便于向收益值为模糊数的合作 n 人对策（N, v）的 Shapley 值推广，且许多经典结论都成立；缺点是条件较强，在同一问题中使用了三种排序方法。

四、区间合作对策 S - 核心非空的充要条件

Alparslan - Gök S Z 等人在研究文献[1]中给出了区间合作对策的一类解——S - 核心的定义，并且讨论了它的有关性质。S - 核心中的元素都是 n 维实值向量，其形式与经典合作对策的核心类似。S - 核心的优点在于能够通过解决经典合作对策实数值的收益分配问题来求解具有区间值支付的合作对策的收益分配问题，是经典核心的自然推广，因而较容易被人接受。

Alparslan - Gök S Z 等人在文中用强均衡性得到了区间合作对策的 S - 核心非空的充分条件，且在后续的研究文献[2-3]中也同样研究了 S - 核心的非空性。但是，这个充分条件是在强均衡区间合作对策的基础上得到的，需要较强的条件，而且不能作为 S - 核心非空的必要条件，因而在一定程度上影响了 S - 核心的实用性。于是，寻找一个相对弱化的均衡条件，使其能够作为 S - 核心非空的充分必要条件，就成为研究的主要问题。

参考文献

[1] ALPARSLAN - GÖK S Z, MIQUEL S, TIJS S H. Cooperation under interval uncertainty [J]. Mathematical Methods of Operations Research, 2009, 69 (1): 99 - 109.

[2] BRANZEI R, BRANZEI O, GÖK S Z A, et al. Cooperative interval games: a survey [J]. Central European Journal of Operations Research, 2010, 18 (3): 397 - 411.

[3] ALPARSLAN - GÖK S Z, BRANZEI O, BRANZEI R, et al. Set - valued solution concepts using interval - type payoffs for interval games [J]. Journal of Mathematical Economics, 2011, 47 (4): 621 - 626.

第六讲

改革开放40年我国物流事业的发展和变革

翁心刚

◆ 作者简介

翁心刚，北京物资学院副校长。1961年10月出生于北京市，经济学博士，教授。1983年7月，毕业于北京经济学院物资管理系。于1989—1992年与1996—1999年，赴日本流通经济大学学习，分别获得硕士学位和博士学位。历任北京物资学院团总支书记、院长办公室科长、企业管理系副主任、研究生部副主任、研究生部主任、北京物资学院院长助理。2006年12月，任北京物资学院副校长。

主要社会兼职：中国物流学会副会长、中国物流技术协会副理事长、中物联物流规划研究院特邀研究员。

主要研究领域：物流管理、供应链管理。

一、物流业现状

物流业是融合运输、仓储、货代、信息等产业的复合型服务业，是支撑国民经济发展的基础性、战略性产业。加快发展现代物流业，对于促进产业结构调整、转变发展方式、提高国民经济竞争力和建设生态文明具有重要意义。

（一）物流地位

中国的GDP从1978年的2165亿美元增长到2017年的12.24万亿美元，年均GDP增幅为9.6%，而同期，世界经济GDP的增幅是2.78%，中国GDP

增幅是世界的3倍多。而中国人均GDP也从1980年的312美元增长到2017年的9481美元，世界排名从第130位上升到第70位。中国外贸进出口总额从1979年的109亿美元增长到2017年的4.1万亿美元，居世界货物贸易进出口第一位。中国对外投资总额为1.9万亿美元，上升到世界第二位。所以，改革开放40年来，中国外贸的发展速度逐渐加快，物流在国民经济中的基础作用和支撑作用也得到了充分体现，物流业的地位逐渐提高。随着以电子商务为代表的新零售的出现，物流的支撑保障作用更加明显。客户对电子商务的体验主要通过物流服务的传递来实现。所以，在电子商务领域的物流，也被称为“体验物流”。

（二）物流成本

40年来，中国物流业的发展历程与改革开放同步，物流业经历了从理念传播、实践探索、产业地位确立到创新发展的全过程。2014年9月，国务院印发《物流业发展中长期规划（2014—2020年）》，指出2017年中国物流成本占GDP的比重为14.6%，计划到2035年，我国发展成为物流大国，并向物流强国迈进，使物流总费用占GDP比重下降到10%，达到国际先进国家水平。

（三）基础设施

改革开放初期，全社会年货运总量约32亿吨，货运周转量约1万亿吨·公里；截至2017年年底，全社会货运总量为472亿吨，货运周转量为19万亿吨·公里。这得益于我国不断推进交通运输和物流基础设施的建设，构建了以高速铁路、高速公路、民用航空等为主体的服务品质高、运行速度快的综合交通运输网络，货物运输规模快速增长，空间覆盖率提高，综合运输体系逐渐完善。

二、物流业未来发展

目前，现代工业技术在物流领域应用广泛，主要包括自动化搬运装卸技术、无线传感技术、智能控制技术等，有效提高了物流作业效率。以下以京东无人配送车、AGV（自动导引运输车）为例进行简要介绍。

京东无人配送车可以实现针对城市环境下办公楼、小区便利店等订单集中场所进行批量送货，可大幅提升配送效率。

AGV（Automated Guided Vehicle）是通过特殊地标导航自动将物品运输至指定地点，最常见的引导方式可以分为3种。

（1）电磁感应式：也就是最常见的磁条导航，通过在地面粘贴磁性胶带，AGV经过时车底部装有电磁传感器，会感应到地面磁条地标从而实现自动行驶运输货物，站点定义则依靠磁条极性的不同排列组合设置。

（2）激光感应式：通过激光扫描器识别设置在其活动范围内的若干标志来确定其坐标位置，从而引导AGV运行。

（3）RFID感应式：通过RFID和读取装备自动检测坐标位置，实现AGV自动运行，站点定义通过芯片标签任意定义，即使最复杂的站点设置也能轻松完成。

AGV的优点包括以下14点。

（1）自动化程度高。由计算机、电控设备、磁气感应Sensor、激光反射板等控制。

（2）充电自动化。当AGV的电量即将耗尽时，它会向系统发出请求指令，请求充电，在系统允许后自动到充电的地方“排队”充电。另外，AGV的电池寿命可达2年以上，并且，每充电15分钟可工作4小时左右。

（3）美观。提高观赏度，从而提高企业的形象。

（4）安全性。人为驾驶的车辆，其行驶路径无法确知。而AGV的导引路径是非常明确的，提高了安全性。

（5）成本控制。AGV系统的资金投入是短期的，而员工的工资是长期的，还会随着通货膨胀而不断增加。

（6）易维护。红外传感器和机械防撞可确保AGV免遭碰撞，降低故障率。

（7）可预测性。AGV在行驶路径上遇到障碍物会自动停车，而人为驾驶的车辆因人的思想因素可能会判断有偏差。

（8）降低产品损伤。可减少由于人工的不规范操作而造成的货物损坏。

（9）改善物流管理。由于AGV内在的智能控制，能够让货物摆放更加有序，车间更加整洁。

（10）较小的场地要求。AGV 比传统的叉车需要的巷道宽度窄。同时，对于自由行驶的 AGV 而言，还能够从传送带和其他移动设备上准确地装卸货物。

（11）灵活性。AGV 允许最大限度地更改路径规划。

（12）调度能力。由于 AGV 的可靠性，使得 AGV 具有非常优化的调度能力。

（13）长距离运输。AGV 能够有效地进行点对点运输，尤其适用于长距离运输（大于 60 米）。

（14）特殊工作环境。专用系统可在人员不便进入的环境下工作。

第七讲

食品非热加工研究进展

廖小军

◆ 作者简介

廖小军，教授，博士生导师，中国农业大学食品学院副院长，享受政府特殊津贴，入选中组部万人计划科技创新领军人才、教育部新世纪人才、科技北京百名领军人才、农业科研杰出人才，兼农业部（现农业农村部）果蔬加工重点实验室主任、食品非热加工北京市重点实验室主任，以及第一届食品安全国家标准审评委员会委员、农业部（现农业农村部）蔬菜加工专业委员会主任、国家特色蔬菜产业技术体系加工岗位专家、中国食品科学技术学会食品非热加工分会理事长、国际食品工程学会执委、美国食品学会食品非热加工分会执委。担任《Food Engineering Review》《Innovative Food Sciences and Emerging Technologies》《食品工业科技》《食品质量安全检测学报》和《农业工程学报》编委。获国家科技进步二等奖 2 项、省部级一等奖 2 项和二等奖 4 项，并先后获得中国食品科学技术学会突出贡献奖和创新奖。国家“十二五”科技支撑计划项目和国家“十三五”重点研发计划专项首席专家，先后主持“十二五”863 计划课题、国家自然科学基金面上项目等 20 余项。发表 SCI 收录论文 130 余篇，累计被引用 4000 余次，2014—2017 年连续四年被爱思唯尔评为农业与生物科学领域中国高被引用学者；取得授权专利 27 项，其中国际专利 2 项。

创建了国内第一个“食品非热加工”研发团队，构建了国内最为完善的食品非热加工研究平台和技术体系，培养了一支研发水平在国内领先、国际有影响力的队伍，扩大了我国食品非热加工研究在国际上的影响力。“食品非热加工”团队被评为2015年农业部（现农业农村部）农业科研杰出人才及创新团队、2014年科技部“重点领域创新团队”、2011年农业部（现农业农村部）“中华农业科技奖优秀创新团队”、2011年科技部“‘十一五’国家科技计划执行优秀团队”。

一、食品加工技术的发展

食品加工技术的发展主要经历了以下9个阶段。

（一）加热

早期，人们通过烹饪杀死食物中的病菌。

（二）罐藏/热加工

1770—1800年，在工业化的推动下，以及当时拿破仑军队为了减少对当地食品的依赖，出现了罐藏技术。

（三）巴氏杀菌

1890年，为了防止牛奶传播病原体而对原料奶进行热处理，即巴氏杀菌。

（四）安全制罐/杀菌公式

1920—1930年，通过计算产品热传导曲线和初始微生物污染程度，确定产品商业无菌的最短的加工时间和温度。

（五）冷冻

1940年，通过机械速冻的方法来保存食品，保证食品质量。

（六）气调包装

1950年，通过减少含氧量、增加二氧化碳浓度或者充入混合气体，减少食品呼吸作用和乙烯的产生，延缓食品的成熟和腐败，延长产品的冷藏保质期。

（七）冷冻干燥

1960 年，在真空室中加热冷冻后的产品，使其升华并迅速深冻。

（八）无菌包装

1940—1980 年，经过高温短时杀菌的产品在无菌环境中装入已灭菌的包装中，提高食品安全性的同时保留食品中更多的营养物质。另外，辐照可以杀死微生物、昆虫、幼虫，延缓食品的腐败。

（九）超高压

1990 年，通过一定压力和温度的作用，对食品进行保藏，并保持食品的品质。

二、食品非热加工

热力杀菌技术对食品，特别是热敏性食品的色、香、味、营养成分及功能性均有一定程度的破坏作用，经过热杀菌后产品失去了原有的新鲜度，甚至产生异味。随着人们对食品的新鲜度要求越来越高，食品的健康要素与最小加工食品（Minimally Processed Foods，MPF）的理念越来越受到人们的重视。非热加工技术可以最大限度地保留食品原有的生鲜风味和营养，因此成为当前食品加工新技术研究与开发的热点。

食品非热加工（Non - Thermal Processes，NTP）是一类技术的统称和集合，其共同特点是采用非热的方式对食品进行加工处理，且过程中温度无剧烈变化，达到杀菌、除菌或抑菌的目的，从而保留产品的品质和延长货架期。

非热加工技术主要包括超高压加工技术和高压二氧化碳技术。其中，超高压加工技术的本质是液压，将密封于弹性容器内的食品置于水或其他液体作为传压介质的压力系统中，经 100MPa（兆帕）以上的压力处理，在常温状态下达到杀菌、灭酶和改善食品功能特性等目的，是目前商业化程度最高的食品非热加工技术；高压二氧化碳技术的本质是气压，将食品置于密封的、以 CO_2 为介质的压力系统内，压力低于 50MPa，在常温或结合温度状态下达到杀菌、灭酶和改善食品功能特性等目的。另外，为了提高杀菌和钝酶效率，开发了第二代超高压技术，“超高压 + 热烫”“超高压 + 超滤”“超高压 + 气

体”“超高压+生物抑菌剂”等系列技术。

三、食品非热加工研究内容

目前，食品非热加工研究内容主要包括3部分：非热加工食品安全机制研究、非热加工食品品质变化研究、非热加工技术创新应用研究。其中，非热加工食品安全机制研究包括杀菌动力学及杀菌机制、微生物的逆境响应机制、可能的新物质形成机制；非热加工食品品质变化研究包括生化机制、钝酶动力学及机制、化学机制、食品组分变化机制、食品品质变化分子调控机制；非热加工技术创新应用研究包括新型食品及中式菜肴创制、食品天然活性物质非热提取、食品大分子非热改性与机制。